250.

© 1981 Giulio Einaudi editore s. p. a., Torino
Note di Marina Paglieri

ISBN 88-06-52704-5

Carlo Goldoni

IL VENTAGLIO

Introduzione di Guido Davico Bonino

Giulio Einaudi editore

La commedia dell'inazione

La prima stesura del *Ventaglio* è quella di uno «scenario» in francese per gli attori del Théâtre Italien di Parigi. Va in scena sotto il titolo *L'éventail* il 27 maggio 1763, ed è un franco insuccesso. Goldoni, che ci aveva fatto molto conto, è amareggiato: aveva progettato il copione come «una commedia di molte scene, brevi, frizzanti, animate da una perpetua azione, da un movimento continuo, onde i comici non abbiano far altro che eseguire piú coll'azione che colle parole». Nonostante fosse a Parigi solo dall'agosto '62, aveva capito presto, a proprie spese, come costoro non imparassero «le scene studiate», non eseguissero «le scene lunghe, ben disegnate». L'idea di uno scenario tutto incentrato su «un ventaglio da dama», dalla scena «stabile», in cui «tutti agiscono», gli era parso l'antidoto ideale alla recalcitrante cocciutaggine di quei professionisti, che ancora non volevano saperne di «premeditazione», di «studio», quando i loro colleghi, in laguna, da quasi vent'anni ci si erano perfettamente adattati.

Calcolo infondato, precauzione inutile. Nonostante l'accorto disegno, lo scenario non fa «quell'incontro» che il Goldoni credeva: «È troppo inviluppata per l'abilità di quei comici, – ammette, quasi spossato, con l'amico bolognese Francesco Albergati Capacelli, in una lettera del 13 giugno (allo stesso aveva indirizzato il 18 aprile la lettera da cui abbiamo attinto poco sopra). – Il gusto delle buone commedie in questo paese è finito. Fa' pietà il teatro moderno francese: non si bada piú alla condotta, ai caratteri, alla verità. Non badano che alle scene, ai *couplets*, alle *tirades*, alle *fautes de détail*...»

Che fare, allora, di questo testo? Che fare, piú in generale, della propria esperienza di drammaturgo? Rinunciare a produrre, condannarsi con le proprie mani alla sterilità o, non piuttosto, tentare di incanalare e offrire uno sbocco ai frutti della propria penna là dove già, in passato, erano stati tanto benevolmente accolti, alla troppo rapidamente abbandonata Venezia?

È la via che Goldoni ha già deciso di imboccare, tra malinconia e pragmatismo, in una lettera del 2 maggio all'impresario Francesco Vendramin, là dove gli propone (insieme a tutta una serie di molto concrete clausole contrattuali) di fornirgli non tanto commedie nuove quanto, semmai, «qualche commedia che farò a Parigi, servendomi però soltanto dell'argomento e della condotta, scrivendola a posta per uso del suo teatro, e per il sistema della sua compagnia e dell'uso del nostro paese». Una formula di intelligente riciclaggio del proprio lavoro, che non solo gli consente di sopravvivere «in un paese dove le spese sono grandi», in cui «cento ducati per una commedia» sono «una cosa assai misera», ma soprattutto tiene aperto, vivo, stimolante il dialogo a distanza col «suo» pubblico, con quegli spettatori che egli stesso ha educato ad un teatro «naturale» e «verisimile», in una parola al teatro moderno.

L'anno dopo il fiasco dello «scenario» parigino, Goldoni lo riprende in mano, ci lavora sodo, lo scrive per intero in italiano, e lo spedisce – quinto in tanto commercio teatrale lungo l'asse Parigi-Venezia – al Vendramin per il tramite d'un proprio uomo di fiducia, Stefano Sciugliaga, in data 27 novembre: «Ecco la quinta: questa è una gran commedia, è una gran commedia, perché mi ha costato una gran fatica, e una gran fatica costerà ai comici per rappresentarla. Fatica d'attenzione, di qualche prova di piú; ma queste sono quelle commedie che fanno brillare il talento e l'abilità delli comici. Voi capirete cosa è in leggendola, ma lo capirete meglio figurandovi di vederla in scena. N'avete veduto di simili: per esempio il *Filosofo inglese*, il *Campiello*, le *Baruffe chiozzotte*, ma questa è la piú legata di tutte, ed osservate il legamento de' personaggi che da un atto all'altro sono sempre concatenati, né mai resta un momento la scena vuota. Non ho distinto le scene, secondo il solito, perché sarebbero tante che si avrebbe raddoppiato la carta. Il colpo d'occhio della prima scena, la scena muta del terzo atto, e il gioco perpetuo di tutte le parti della scena e di tutti i personaggi, secondo me sono cose che dovrebbero far bene... Raccomandate che facciano diverse prove. Tutto dipende dall'esecuzione. La commedia dipende dai comici, e so che sono in sicuro, ecc.».

Se abbiamo trascritto per intero la breve missiva, è perché raramente ci è dato imbatterci in un Goldoni piú sicuro, addirittura piú schiettamente entusiasta di se stesso (con quella iterazione: «è una gran commedia, è una gran commedia»). Donde tanta sicurezza, tanto entusiasmo? Se dovessimo attenerci alle righe che seguono, dovremmo dire che Goldoni è soprattutto soddisfatto della economia e della saldezza strutturale della commedia (in questa chiave ci sembra, infatti, vadano oggi decodificati i due termini «legamento» e «concatenazione» usati dal drammaturgo). Ed è indubbio che gli spettatori veneziani, che assistettero alla prima al San Luca la sera del 4 febbraio '65 e ne decretarono, stavolta, il successo, consolidato da sei repliche consecutive, dovettero ammirare la funzionalità estrema e il rigore progettuale del copione.

Ma bastano, questa funzionalità e questo rigore, a confinare questa commedia nell'area del cosiddetto «teatro puro», a fare della vicenda su cui poggia, una vicenda «astratta, matematica, metafisica», come, in un ormai remoto e canonico convegno goldoniano (1957), sostenne (con molta misura, per altro) Goffredo Bellonci? Temo proprio di no. Certo, la solidità dell'impianto scenico e la simmetria progettuale sono incontestabili: e uno studioso svizzero, Kurt Ringger, in un'ampia scelta di commedie goldoniane apparsa presso questo stesso editore (1972), ha giustamente posto in luce la disposizione a gruppi dei personaggi, analoga e simmetrica, e la «simmetria del movimento» dell'oggetto scenico, il ventaglio, che compie undici spostamenti (come una pedina degli scacchi) prima di finire nelle mani della persona giusta.

Queste (ed altre) rispondenze, su cui non è qui il caso di soffermarci troppo minutamente, esistono, è fuor di dubbio: com'è indubbio, ad esempio, se dal piano della struttura trascorriamo a quello, non meno importante, della scrittura teatrale, che qui ci troviamo al vertice, forse, di quel processo di condensazione stilistica, iniziato da Goldoni con i capolavori della stagione 1760-61, che sposa un lessico di elementare, ruvida concretezza ad una sintassi nervosa, spasmodica a tratti, con frequenti ellissi della voce verbale e parimenti frequenti paratassi; e che a questa scrittura, fatta di parole da recitare, affianca, in un nesso inscindibile, una scrittura fatta di espressioni del volto e di gesti, una scrittura mimico-gestuale dalla straordinaria varietà di effetti, come testimoniano le scene I, 1 e III, 1 (in simmetria, anch'esse), «tableau vivant» la prima, pantomima la seconda, scene cioè di mimo e gesto in funzione rispettivamente statica e dinamica.

Ma, una volta assodata la mirabile coerenza drammaturgica e l'essenzialità della scrittura, *Il ventaglio* non ha davvero altro messaggio da consegnarci? È assai probabile. Un regista, che ha dalla sua un bel temperamento di esegeta, Luigi Squarzina, nell'allestire la piú recente, al momento in cui scriviamo, messinscena della commedia (1979), ha suggerito due, almeno, ipotesi di lettura: quella d'una fiaba d'ambiente, diciamo cosí, rusticano (quasi una risposta a distanza all'ex concorrente, il fiabista conte Gozzi, ma in chiave di verisimile-paesano); e quella di uno psicodramma, all'insegna dell'amore e dello stupore, che coinvolge tutti (salvo, forse, i due personaggi-astanti, il Conte e la merciaia Susanna) e da cui tutti escono profondamente modificati.

Di fiaba, è vero, si parla, esplicitamente, in I, 3: ne legge una «stupenda, meravigliosa» il Conte, da un suo libriccino tradotto dal francese, e ne gustiamo persino l'*incipit*: «Eravi una donzella di tal bellezza...» E poi, in effetti, tutto il *plot* della commedia, la sua storia esterna potrebbe essere decodificata (anche se «in una cifra gioviale») in termini di fiaba: «... la matrigna che reprime la giovane eroina, le prove che i giovani eroi ed eroine devono superare, il sonno incantato in cui cadono, separatamente, i due innamorati – elenca, con appassionato puntiglio, Squarzina – quando toccano il culmine della disperazione, risvegliato dal quale l'eroe goldoniano può dire "mi par di rinascere"». Quanto allo psicodramma, se Goldoni non poteva, ovviamente, conoscere le originali teorie elaborate, quasi tre secoli dopo *Il ventaglio*, da un irrequieto psicoterapeuta austroamericano, il dottor Jacob Levy Moreno, è altrettanto vero che noi (che da una trentina d'anni ne siamo informati) possiamo applicarle suggestivamente alla sua commedia: e suggerire, con qualche margine di appropriatezza, che i suoi personaggi sono prigionieri del proprio ruolo, imposto dal loro ambiente sociale; e che tentano di uscirne «recitandolo» in gruppo, esibendolo, insomma, ostentatamente, in presenza dei loro «ego ausiliari» o dei loro «doppi»; e aggiungere magari, come fa, con molto garbo, Squarzina (ma, forse, il dottor Moreno avrebbe eccepito) che i vettori che li spingono ad uscire da sé, a disinibirsi, non sono tanto il gioco teatrale (perché a teatro ci siamo già) quanto, come s'è detto, Eros e Stupore: «Stupore soggettivo di fronte ai voltafaccia delle persone e della vita, Eros acuito dalle contraddizioni dell'oggetto desiderato. Si sa, non c'è nulla di piú erotizzante dello Stupore, nulla di piú stupefacente dell'Eros. L'invenzione geniale è quella di uno Stupore oggettivo, frustrato e affascinato dalla mutevolezza di un Eros supremamente soggettivo. Il non riuscire a mettersi nel soggettivo dell'oggetto desiderato per comprenderlo, e il non saper vedere oggettivamente il proprio soggettivismo desiderante per diffidarne, mantiene i personaggi in una disponibilità allo Stupore, che non si può davvero pensare esaurita con la fine della "giornata" quando l'Eros appare placato e soddisfatto provvisoriamente, ma subito si rilancia, vorrei dire, nel cuore e nel corpo della bella vedova finalmente liberata dal ruolo "di madre", mentre come una miccia accesa permane la inconsapevole attrazione reciproca di Evaristo e Giannina che è stata uno dei vettori segreti dell'azione. Sotto l'alabastro apollineo della perfezione teatrale sembra di sentire a tratti, a ogni passar di mano dell'oggetto magico, il flauto di Dionisio, il suono che ammala e che risana». Due ipotesi suggestive, queste che abbiamo appena riassunto, ma che forse spiegano piú l'atmosfera rarefatta, sospesa, della commedia, quella d'un grande sogno ad occhi aperti: quella, a volerla dire fino in fondo, d'un grande sogno d'amore in pubblico (e a questo livello, forse, di Propp e Levy Moreno potremmo fare anche a meno): piú il clima, dicevamo, in cui è calata, che il suo tema, il suo messaggio nascosto.

Che questa sia una grande commedia d'amore, una commedia d'amore corale, è ovvio: ma non è bastante a comprenderla per intero. Anche le *Baruffe* sono la commedia della coralità d'amore: ma sappiamo che là l'amore rinvia ad altro, è il vettore-simbolo di un sano vitalismo, di un attivismo gioioso, la produttività sensuale e feconda di una classe, il popolo, che un borghese, illuminato e riformista, scopre un poco piú tardi del necessario. Qui l'amore a cosa rinvia? Cosa c'è, dietro di lui, quando il suo cerchio si chiude, le coppie si ricompongono, gli attori escono dal ruolo per ossequiare, a distanza, l'artigiano di quel ventaglio, lo stesso borghese (un po' meno illuminato, forse) che ora abita a Parigi? *Nulla*, occorre dirlo con la franchezza che Goldoni, da quell'astuto stratega teatrale che era, non avrebbe mai voluto usare, certo com'era che bastasse alludere, invece che dire. *Nulla*: siamo passati dalla Chioggia monoclassista di pescatori rissosi ed esuberanti ad un pluriclassista paese di campagna del contado lombardo. Ci sono nobili, affamati e no, ci sono borghesi, artigiani (speziali, merciai, calzolai, osti), contadini, servi. Fanno ognuno, zelante, il loro mestiere, impugnano, ognuno, il loro bravo «oggetto specifico» (ha ragione Squarzina ad evocare le tavole della *Encyclopédie*, anche se il richiamo è piú suggestivo che verisimile: Goldoni con i redattori di quel gran libro, col suo redattore-capo in particolare, non se la fece mai): ma per non far null'altro che non sia, appunto, *fingere*, al primo grado, *di fare*.

Un mostruoso attivismo che cela una sostanziale inerzia: questo il clima vero, sotteso all'atmosfera esteriore, della commedia, che par tutta pervasa da una febbre del vivere per agire. Invece, il rapporto dei personaggi con l'agire è sempre distonico, cela sempre una sproporzione che ha in sé qualcosa di abnorme: o agiscono troppo, esibiscono un agire non rapportato al menomo fine (il pestare nel mortaio di Timoteo, il batter forte di Crespino, il filar con sdegno di Giannina); o simulano di agire (il fingere di corteggiare di Coronato); o rifiutano l'agire con una stizzosa lassezza, perché non «se ne sentono in voglia», come confesserà il Barone. La verità, che si cela sotto questa smania d'apparire in azione, è quella espressa da Susanna nel suo monologo (II, 2): «Gran poche faccende si fanno in questo villaggio!» Susanna parla da merciaia, e quelle «faccende» si riferiscono al dare e all'avere di un preciso computo economico: ma nel borgo campagnolo immaginato da Goldoni sul modello di tanti borghi veneti dell'entroterra, non si «sfaccenda» piú del tutto, si finge, al massimo, di sfaccendare. Un tempo, sí, quei borghi, quelli veri, erano stati spazio e simbolo di un civile consorzio che aveva fatto del lavoro la sua silenziosa religione laica: ora a Goldoni lontano, che li rivagheggia nel ricordo, paiono ormai il vuoto simulacro di una fede nell'azione che non ha piú motivo d'essere sostentata. Ed il fatto che, invece di svolgersi in una grande città (Milano invece che Venezia), questa *finzione dell'agire per l'agire* sia ambientata in «una piazza di villa con varie case, e botteghe, e viali d'alberi», ha, anch'esso, una sua precisa pregnanza simbolica: Case Nuove è per Goldoni ciò che, di lí ad un centotrent'anni, sarebbe stato «un qualche capoluogo di provincia» per Čechov. Anche là, si ama: anche là, non si fa altro che fingere di fare.

Citavamo le *Baruffe*: ma c'è una commedia, scritta quattro anni prima del *Ventaglio* «secondo» e definitivo, che le si apparenta in modo singolare, ed è *Le avventure della villeggiatura*, il perno, l'asse centrale della trilogia. Siamo anche qui in campagna, l'improbabile campagna livornese, che è poi quella delle ville del Brenta: anche qui l'inazione regna sovrana, anche qui l'amore divampa. Ma, osserverà qualunque buon lettore di Goldoni, le «avventure» sono quelle di una sola classe sociale, la borghesia, e siamo, non a caso, in vacanza, nel tempo «rituale» dell'ozio. Nel *Ventaglio* l'inazione non è che l'altra faccia, la faccia segreta di un'operosità, che tutto parrebbe suggerire alacre e festosa: ma che è angusta nei suoi orizzonti, meschina nei suoi interessi. La furia stessa delle *Baruffe* stinge qui in un'ira dispettosa (in nessun'altra commedia di Goldoni ci sono tanti battibecchi, tanta violenza repressa): e si capisce bene che un ventaglio, allora, nient'altro che un ventaglio possa scatenare quel gran subbuglio, come qualche goccia di pioggia in un catino.

Che poi quell'inerzia del vivere sia ben nascosta tra le righe; che quell'impotenza (diciamola pure, la parola) non trapeli mai, se non per allusioni discrete; che l'amore, una volta messe le ali nel gran vuoto di quella piazza affocata, le dispieghi poi vittorioso, sino a farci dimenticare quel che di vizzo e di stento, sul piano dei valori sociali ed etici, la commedia contiene: beh, questa è la grandezza di Goldoni, che non era venuta meno, evidentemente, per una emigrazione forzata. Ma di pura teatralità, no, di questo non ci sembra davvero si possa parlare.

GUIDO DAVICO BONINO

Il saggio di Luigi Squarzina, cui abbiamo fatto piú volte riferimento, si intitola *L'Eros e lo Stupore*, è apparso nel 1979, nei «Quaderni del Teatro di Roma», in occasione della messinscena de' *Il ventaglio* al Teatro Argentina di Roma il 24 ottobre 1979. Regia: Luigi Squarzina; scene e costumi: Gianfranco Padovani; musiche: Arturo Annechino; regista assistente: Gianni Fenzi. Attori: Massimo Foschi (il signor Evaristo), Ilaria Occhini (la signora Geltruda, vedova), Marina Tagliaferri (la signora Candida, sua nipote), Vittorio Congia (il Barone del Cedro), Roberto Herlitzka (il Conte di Rocca Marina), Antonio Ballerio (Timoteo, speziale), Antonella Munari (Giannina, giovane contadina), Donatella Ceccarello (la signora Susanna, merciaia), Stefano Lescovelli (Coronato, oste), Piero Sammataro (Crespino, calzolaio), Vittorio Viviani (Moracchio, contadino, fratello di Giannina), Gianni Fenzi (Limoncino, garzone di caffè), Francesco Calogero (Tognino, servitore delle due signore), Bruno Zeni (Scavezzo, servitore d'osteria), Anita Marini, Walter Corda (i due cantori).

IL VENTAGLIO

PERSONAGGI

Il signor Evaristo
La signora Geltruda, vedova
La signora Candida, sua nipote
Il Barone del Cedro
Il Conte di Rocca Marina
Timoteo, speziale
Giannina, giovane contadina
La signora Susanna, merciaia
Coronato, oste
Crespino, calzolaio
Moracchio, contadino, fratello di Giannina
Limoncino, garzone di caffè
Tognino, servitore delle due signore
Scavezzo, servitore d'osteria

La Scena è una villa del Milanese delle Case Nuove.

ATTO PRIMO

SCENA PRIMA

Tutti.

Disposizione e colpo d'occhio di questa prima scena.

Geltruda e Candida a seder sulla terrazza: la prima facendo de' gruppetti[1], la seconda dell'entoilage[2]. Evaristo ed il Barone vestiti propriamente[3] da cacciatori, sedendo sui seggioloni, e bevendo il caffè co' loro schioppi al fianco. Il Conte da campagna con rodengotto[4], cappello di paglia e bastone, sedendo vicino allo Speziale, e leggendo un libro. Timoteo dentro alla sua bottega, pestando in un mortaio di bronzo sulla balconata. Giannina, da paesana, sedendo vicino alla sua porta filando. Susanna sedendo vicino alla sua bottega, e lavorando qualche cosa di bianco. Coronato sedendo sulla banchetta, vicino all'osteria, con un libro di memorie in mano ed una penna da lapis[5]. Crespino a sedere al suo banchetto, e lavorando da calzolaro con una scarpa in forma. Moracchio di qua dalla casa di Giannina verso i lumi[6], tenendo in mano una corda con un cane da caccia attaccato, dandogli del pane a mangiare. Scavezzo di qua dell'osteria, verso i lumini, pelando un pollastro. Limoncino presso alli due, che bevono il caffè colla sottocoppa[7] in mano, aspettando le tazze. Tognino spazzando dinnanzi alla porta del palazzino, e sulla facciata del medesimo. Alzata la tenda, tutti restano qualche momento senza parlare, ed agendo come si è detto, per dar tempo all'uditorio di esaminare un poco la scena.

EVARISTO Che vi pare di questo caffè? (*al Barone*).

BARONE Mi par buono.
EVARISTO Per me lo trovo perfetto. Bravo, signor Limoncino, questa mattina vi siete portato [8] bene.
LIMONCINO La ringrazio dell'elogio, ma la prego di non chiamarmi con questo nome di Limoncino.
EVARISTO Oh bella! Tutti vi conoscono per questo nome, siete famoso col nome di Limoncino. Tutti dicono: andiamo alle Case Nove a bevere il caffè da Limoncino; e ve ne avete a male per questo?
LIMONCINO Signore, questo non è il mio nome.
BARONE Oh via, da qui innanzi vi chiameremo signor Arancio, signor Bergamotto (*bevendo il caffè*).
LIMONCINO Le dico che io non son fatto per far il buffone.

Candida ride forte.

EVARISTO Che ne dice, signora Candida?
CANDIDA (*si fa fresco col ventaglio, e lo rimette sul poggio* [9]) Che vuole ch'io dica? Sono cose da ridere veramente.
GELTRUDA Via, signori, lasciatelo stare quel buon ragazzo; egli fa del buon caffè, ed è sotto la mia protezione.
BARONE Oh, quando è sotto la protezione della signora Geltruda, gli si porterà rispetto. (Sentite, la buona vedova lo protegge) (*piano ad Evaristo*).
EVARISTO Non dite male della signora Geltruda. Ella è la piú saggia e la piú onesta donna del mondo (*piano al Barone*).
BARONE Tutto quel che volete, ma si dà aria di protezione come lei... il signor Conte, che siede e legge con un'aria da giurisdicente [10] (*come sopra*).
EVARISTO Oh in quanto a lui, non avete il torto, è una vera caricatura, ma è troppo ingiusta la comparazione colla signora Geltruda (*come sopra*).
BARONE Un per un verso, l'altra per l'altro, per me li trovo ridicoli tutti due (*come sopra*).
EVARISTO E cosa trovate di ridicolo nella signora Geltruda?

SCENA PRIMA

BARONE Troppa dottrina, troppo contegno, troppa sufficienza.
EVARISTO Scusatemi, voi non la conoscete (*piano tra loro*).
BARONE Stimo piú la signora Candida cento volte.

Il Barone ed Evaristo finiscono di bere il caffè. Si alzano, rendono le tazze a Limoncino. Tutti e due vogliono pagare. Il Barone previene[11]: *Evaristo lo ringrazia piano. Limoncino con le tazze e i denari va in bottega. In questo tempo Timoteo pesta piú forte.*

EVARISTO Sí, è vero... La nipote ha del merito... (Non vorrei che costui mi fosse rivale) (*da sé*).
CONTE Eh! signor Timoteo (*grave*).
TIMOTEO Che mi comanda?
CONTE Questo vostro pestamento m'annoia.
TIMOTEO Perdoni... (*battendo*).
CONTE Non posso leggere, mi rompete la testa.
TIMOTEO Perdoni, or ora ho finito (*seguita, staccia e ripesta*).
CRESPINO Ehi, Coronato (*lavorando e ridendo*).
CORONATO Cosa volete, mastro Crespino?
CRESPINO Il signor Conte non vuole che si batta (*batte forte sulla forma*).
CONTE Che diavolo d'impertinenza! Non la volete finire questa mattina?
CRESPINO Signor illustrissimo, non vede cosa faccio?
CONTE E cosa fate? (*con sdegno*).
CRESPINO Accomodo le sue scarpe vecchie.
CONTE Zitto là, impertinente (*si mette a leggere*).
CRESPINO Coronato! (*ridendo batte, e Timoteo batte*).
CONTE Or ora non posso piú (*dimenandosi sulla sedia*).
SCAVEZZO Moracchio (*chiamandolo e ridendo*).
MORACCHIO Cosa c'è, Scavezzo?
SCAVEZZO Il signor Conte! (*ridendo e burlandosi del Conte*).
MORACCHIO Zitto, zitto, che finalmente[12] è un signore...
SCAVEZZO Affamato.

GIANNINA Moracchio (*chiamandolo*).
MORACCHIO Cosa vuoi?
GIANNINA Cosa ha detto Scavezzo?
MORACCHIO Niente, niente, bada a te, e fila.
GIANNINA Oh, è gentile veramente il mio signor fratello. Mi tratta sempre cosí. (Non vedo l'ora di maritarmi) (*con sdegno volta la sedia, e fila con dispetto*).
SUSANNA Cos'è, Giannina? Che cosa avete?
GIANNINA Oh se sapeste, signora Susanna! Non credo che si dia al mondo un uomo piú grossolano di mio fratello.
MORACCHIO Eh bene! Son quel che sono. Cosa vorresti dire? Finché state sotto di me...
GIANNINA Sotto di te? Oh spero che vi starò poco (*con dispetto fila*).
EVARISTO Via, cosa c'è? (*a Moracchio*). Voi sempre tormentate questa povera ragazza (*s'accosta a lei*). E non lo merita, poverina.
GIANNINA Mi fa arrabbiare.
MORACCHIO Vuol saper tutto.
EVARISTO Via via, basta cosí.
BARONE È compassionevole il signor Evaristo (*a Candida*).
CANDIDA Pare anche a me veramente (*con un poco di passione*).
GELTRUDA Gran cosa! non si fa che criticare le azioni altrui, e non si prende guardia[13] alle proprie (*a Candida*).
BARONE (Ecco, questi sono que' dottoramenti ch'io non posso soffrire).
CRESPINO (Povera Giannina! Quando sarà mia moglie, quel galeotto[14] non la tormenterà piú) (*da sé, lavorando*).
CORONATO (Sí, la voglio sposare se non fosse che per levarla da suo fratello).
EVARISTO Ebbene, signor Barone, volete che andiamo? (*accostandosi a lui*).
BARONE Per dirvi la verità, questa mattina non mi sento in voglia d'andar alla caccia. Sono stanco di ieri...
EVARISTO Fate come vi piace. Mi permetterete che ci vada io?

SCENA PRIMA

BARONE Accomodatevi. (Tanto meglio per me. Avrò comodo[15] di tentare la mia sorte colla signora Candida).
EVARISTO Moracchio.
MORACCHIO Signore.
EVARISTO Il cane ha mangiato?
MORACCHIO Signor sí.
EVARISTO Prendete lo schioppo, e andiamo.
MORACCHIO Vado a prenderlo subito. Tieni (*a Giannina*).
GIANNINA Cosa ho da tenere?
MORACCHIO Tieni questo cane fin che ritorno.
GIANNINA Date qui, mala grazia (*prende il cane e lo carezza*).

Moracchio va in casa.

CORONATO (È proprio una giovane di buon cuore. Non vedo l'ora ch'ella divenga mia) (*da sé*).
CRESPINO (Che bella grazia che ha a far carezze! Se le fa ad un cane, tanto piú le farà ad un marito) (*da sé*).
BARONE Scavezzo.
SCAVEZZO Signore (*si avanza*).
BARONE Prendete questo schioppo e portatelo nella mia camera.
SCAVEZZO Sí signore. (Questo almeno è ricco e generoso. Altro che quello spiantato del Conte!) (*porta lo schioppo nell'osteria*).
EVARISTO Pensate voi di restar qui per oggi? (*al Barone*).
BARONE Sí, mi riposerò all'osteria.
EVARISTO Fate preparare, che verrò a pranzo con voi.
BARONE Ben volentieri, vi aspetto. Signore, a buon rivedrle (*alle signore*). (Partirò per non dar sospetto) (*da sé*). Vado nella mia camera, ed oggi preparate per due (*a Coronato, ed entra*).
CORONATO S'accomodi, sarà servita.

SCENA SECONDA

Moracchio, Evaristo e dette.

MORACCHIO (*collo schioppo esce di casa, e si fa dare il cane da Giannina*)   Eccomi, signore, sono con lei (*ad Evaristo*).
EVARISTO   Andiamo (*a Moracchio*). Signore mie, se me lo permettono, vado a divertirmi un poco collo schioppetto (*verso le due signore, e prende lo schioppo*).
GELTRUDA   S'accomodi, e si diverta bene.
CANDIDA   Le auguro buona preda e buona fortuna.
EVARISTO   Son sicuro d'esser fortunato, se sono favorito da' suoi auspizi[16] (*a Candida, e va accomodando lo schioppo e gli attrezzi di caccia*).
CANDIDA   (Veramente è gentile il signor Evaristo!) (*a Geltruda*).
GELTRUDA   (Sí, è vero. È gentile e compito. Ma, nipote mia, non vi fidate di chi non conoscete perfettamente).
CANDIDA   (Per che cosa dite questo, signora zia?)
GELTRUDA   (Perché da qualche tempo ho ragione di dirlo).
CANDIDA   (Io non credo di poter esser condannata...)
GELTRUDA   (No, non mi lamento di voi, ma vi prevengo perché vi conserviate sempre cosí).
CANDIDA   (Ah, è tardi il suo avvertimento. Sono innamorata quanto mai posso essere) (*da sé*).
EVARISTO   Oh, tutto è all'ordine[17]: andiamo (*a Moracchio*). Nuovamente servitor umilissimo di lor signore (*saluta le due signore in atto di partire*).
GELTRUDA   Serva (*si alza per fargli riverenza*).
CANDIDA   Serva umilissima (*s'alza ancor ella, urta, e il ventaglio va in istrada*).
EVARISTO   Oh! (*raccoglie il ventaglio*).
CANDIDA   Niente, niente.
GELTRUDA   La non s'incomodi.

SCENA TERZA

EVARISTO Il ventaglio è rotto, me ne dispiace infinitamente.
CANDIDA Eh non importa, è un ventaglio vecchio.
EVARISTO Ma io sono la cagione ch'è rotto.
GELTRUDA Non si metta in pena di ciò.
EVARISTO Permettano ch'abbia l'onore... (*vorrebbe portarlo in casa*).
GELTRUDA La non s'incomodi. Lo dia al servo Tognino (*chiama*).
TOGNINO Signora (*a Geltruda*).
GELTRUDA Prendete quel ventaglio.
TOGNINO Favorisca (*lo dimanda ad Evaristo*).
EVARISTO Quando non mi vonno[18] permettere... tenete... (*dà il ventaglio a Tognino, che lo prende e va dentro*).
CANDIDA Guardate quanta pena si prende, perché si è rotto il ventaglio! (*a Geltruda*).
GELTRUDA Un uomo pulito[19] non può agir altrimenti. (Lo conosco che c'entra della passione) (*da sé*).

SCENA TERZA

Tognino sulla terrazza dà il ventaglio alle donne; esse lo guardano e l'accomodano.

Evaristo, Susanna e detti.

EVARISTO (Mi spiace infinitamente che quel ventaglio si sia rotto per causa mia; ma vo' tentare di rimediarvi). Signora Susanna (*piano alla stessa*).
SUSANNA Signore.
EVARISTO Vorrei parlarvi. Entriamo in bottega.
SUSANNA Resti servita. S'accomodi (*s'alza*).
EVARISTO Moracchio.
MORACCHIO Signore.
EVARISTO Andate innanzi. Aspettatemi all'entrata del bosco, ch'or ora vengo (*entra con Susanna*).

MORACCHIO Se perde il tempo cosí, prenderemo delle zucche e non del selvatico[20] (*via col cane*).
GIANNINA Manco male che mio fratello è partito. Non vedo l'ora di poter dire due parole a Crespino; ma non vorrei che ci fosse quel diavolo di Coronato. Mi perseguita, e non lo posso soffrire (*da sé, filando*).
CONTE Oh oh, bella, bellissima (*leggendo*). Signora Geltruda.
CRESPINO Cosa ha trovato di bello, signor Conte?
CONTE Eh, cosa c'entrate voi? Cosa sapete voi che siete un ignorantaccio?
CRESPINO (Ci scommetto che ne so piú di lei) (*batte forte sulla forma*).
GELTRUDA Che mi comanda il signor Conte?
CONTE Voi che siete una donna di spirito, se sentiste quello ch'io leggo presentemente, è un capo d'opera[21].
GELTRUDA È qualche istoria?
CONTE Eh! (*con sprezzatura*).
GELTRUDA Qualche tratto di filosofia?
CONTE Oh! (*come sopra*).
GELTRUDA Qualche bel pezzo di poesia?
CONTE No (*come sopra*).
GELTRUDA E ch'è dunque?
CONTE Una cosa stupenda, meravigliosa, tratta dal francese: è una novella, detta volgarmente una favola.
CRESPINO (Maledetto! Una favola! stupenda! meravigliosa!) (*batte forte*).
GELTRUDA È di Esopo?
CONTE No.
GELTRUDA È di monsieur de la Fontaine?
CONTE Non so l'autore, ma non importa. La volete sentire?
GELTRUDA Mi farà piacere.
CONTE Aspettate. Oh ch'ho perduto il segno. La troverò (*cerca la carta*[22]).
CANDIDA Voi che leggete de' buoni libri, amate di sentir delle favole? (*a Geltruda*).
GELTRUDA Perché no? Se sono scritte con sale, istruiscono e divertono infinitamente.

SCENA TERZA

CONTE Oh, l'ho trovata. Sentite...
CRESPINO (Maledetto! legge le favole!) (*pesta forte*).
CONTE Oh, principiate a battere? (*a Crespino*).
CRESPINO Non vuol che li metta, li soprattacchi? (*al Conte, e batte*).

Timoteo torna a pestar forte nel mortaio.

CONTE Ecco qui quest'altro canchero[23] che viene a pestar di nuovo. La volete finire? (*a Timoteo*).
TIMOTEO Signore, io faccio il mio mestiere (*pesta*).
CONTE Sentite. «Eravi una donzella di tal bellezza...» (*a Geltruda*). Ma quietatevi, o andate a pestare in un altro luogo (*a Timoteo*).
TIMOTEO Signore, mi scusi. Io pago la mia pigione, e non ho miglior luogo di questo (*pesta*).
CONTE Eh, andate al diavolo con questo maledetto mortaio. Non si può leggere, non si può resistere. Signora Geltruda, verrò da voi. Sentirete che pezzo, che roba, che novità! (*batte sul libro, ed entra in casa di Geltruda*).
GELTRUDA È un poco troppo ardito questo signor speziale. Andiamo a ricevere il signor Conte (*a Candida*).
CANDIDA Andate pure, sapete che le favole non mi divertono.
GELTRUDA Non importa, venite, che la convenienza lo vuole.
CANDIDA Oh questo signor Conte! (*con sprezzo*).
GELTRUDA Nipote mia, rispettate, se volete essere rispettata. Andiamo via.
CANDIDA Sí sí, verrò per compiacervi (*s'alza per andare*).

SCENA QUARTA

Evaristo e Susanna escono dalla bottega.
Candida, Susanna e detti.

CANDIDA Come! Ancora qui il signor Evaristo! Non è andato alla caccia? Son ben curiosa di sapere il perché (*osserva indietro*).
SUSANNA La non si lagni di me, perché le assicuro che le ho dato il ventaglio a buonissimo prezzo (*a Evaristo*).
EVARISTO (Non v'è piú la signora Candida!) Mi dispiace che non sia qualche cosa di meglio.
SUSANNA Non ne ho né di meglio, né di peggio: questo è il solo, questo è l'ultimo che m'era restato in bottega.
EVARISTO Benissimo, mi converrà valermi di questo.
SUSANNA M'immagino che ne vorrà fare un presente [24] (*ridendo*).
EVARISTO Certo ch'io non l'avrò comprato per me.
SUSANNA Alla signora Candida?
EVARISTO (È un poco troppo curiosa la signora Susanna) (*da sé*). Perché credete voi ch'io voglia darlo alla signora Candida?
SUSANNA Perché ho veduto che si è rotto il suo.
EVARISTO No no, il ventaglio l'ho disposto [25] diversamente.
SUSANNA Bene bene, lo dia a chi vuole. Io non cerco i fatti degl'altri (*siede e lavora*).
EVARISTO (Non li cerca, ma li vuol sapere. Questa volta però non l'è andata fatta) (*da sé, e si accosta a Giannina*).
CANDIDA Gran segreti colla merciaia. Sarei bene curiosa di sapere qualche cosa (*s'avanza un poco*).
EVARISTO Giannina (*piano accostandosi a lei*).
GIANNINA Signore (*sedendo e lavorando*).
EVARISTO Vorrei pregarvi d'una finezza.
GIANNINA Oh cosa dice! comandi se la posso servire.

SCENA QUARTA

EVARISTO So che la signora Candida ha dell'amore per voi.

GIANNINA Sí signor, per sua grazia.

EVARISTO Anzi m'ha ella parlato perché m'interessi presso di vostro fratello.

GIANNINA Ma è una gran disgrazia la mia! Sono restata senza padre e senza madre, e mi tocca essere soggetta ad un fratello ch'è una bestia, signore, è veramente una bestia (*fila con sdegno*).

EVARISTO Ascoltatemi.

GIANNINA Parli pure, che il filare non mi tura l'orecchio (*altiera, filando*).

EVARISTO (Suo fratello è stravagante, ma ha anche ella il suo merito, mi pare) (*ironico*).

SUSANNA (Che avesse comprato il ventaglio per Giannina, non credo mai) (*da sé*).

Coronato e Crespino mostrano curiosità di sentir quel che dice Evaristo a Giannina, ed allungano il collo per sentire.

CANDIDA (Interessi colla merciaia, interessi con Giannina! non capisco niente) (*da sé, e si avanza sulla terrazza*).

EVARISTO Posso pregarvi di una finezza? (*a Giannina*).

GIANNINA Non le ho detto di sí? Non le ho detto che mi comandi? Se la rocca le dà fastidio, la butterò via (*s'alza, e getta la rocca con dispetto*).

EVARISTO (Quasi quasi non direi altro, ma ho bisogno di lei) (*da sé*).

CANDIDA (Cosa sono mai queste smanie?) (*da sé*).

CRESPINO (Getta via la rocca?) (*da sé, e colla scarpa e martello in mano, s'alza e si avanza un poco*).

CORONATO (Mi pare che si riscaldino col discorso!) (*da sé, col libro, s'alza e s'avanza un poco*).

SUSANNA (Se le facesse un presente, non andarebbe in collera) (*da sé, osservando*).

GIANNINA Via, eccomi qua, mi comandi (*ad Evaristo*).

EVARISTO Siate buona, Giannina.

GIANNINA Io non so d'essere mai stata cattiva.

EVARISTO Sapete che la signora Candida ha rotto il ventaglio?
GIANNINA Signor sí (*con muso duro*).
EVARISTO Ne ho comprato uno dalla merciaia.
GIANNINA Ha fatto bene (*come sopra*).
EVARISTO Ma non vorrei lo sapesse la signora Geltruda.
GIANNINA Ha ragione (*come sopra*).
EVARISTO E vorrei che voi glielo deste secretamente.
GIANNINA Non lo posso servire (*come sopra*).
EVARISTO (Che risposta villana!)
CANDIDA (Mi dà ad intendere che va alla caccia, e si ferma qui).
CRESPINO (Quanto pagherei sentire!) (*s'avanza, e mostra di lavorare*).
CORONATO Sempre piú mi cresce la curiosità (*s'avanza, fingendo sempre di conteggiare*).
EVARISTO Perché non volete farmi questo piacere? (*a Giannina*).
GIANNINA Perché non ho ancora imparato questo bel mestiere.
EVARISTO Voi prendete la cosa sinistramente. La signora Candida ha tanto amore per voi.
GIANNINA È vero, ma in queste cose...
EVARISTO Mi ha detto che vorreste maritarvi a Crespino... (*dicendo cosí, si volta, e vede li due che ascoltano*). Che fate voi altri? Che baronata[26] è questa?
CRESPINO Io lavoro, signore (*torna a sedere*).
CORONATO Non posso scrivere, e passeggiare? (*torna a sedere*).
CANDIDA (Hanno dei segreti importanti) (*da sé*).
SUSANNA (Che diavolo ha costei, che tutti gli uomini le corrono dietro?)
GIANNINA Se non ha altro da dirmi, torno a prendere la mia rocca (*prende la rocca*).
EVARISTO Sentite: mi ha pregato la signora Candida, acciò m'interessi per voi, per farvi avere delle doti, e acciò Crespino sia vostro marito.
GIANNINA Vi ha pregato? (*cangia tuono, e getta via la rocca*).

SCENA QUARTA

EVARISTO Sí, ed io sono impegnatissimo perché ciò segua.
GIANNINA Dov'avete il ventaglio?
EVARISTO L'ho qui in tasca.
GIANNINA Date qui, date qui, ma che nessuno veda.
EVARISTO Eccolo (*glielo dà di nascosto*).
CRESPINO (Le dà qualche cosa) (*da sé, tirando il collo*).
CORONATO (Cosa mai le ha dato?) (*da sé, tirando il collo*).
SUSANNA (Assolutamente le ha donato il ventaglio) (*da sé*).
CANDIDA (Ah sí, Evaristo mi tradisce. Il Conte ha detto la verità).
EVARISTO Ma vi raccomando la segretezza (*a Giannina*).
GIANNINA Lasci far a me, e non dubiti niente.
EVARISTO Addio.
GIANNINA A buon riverirla.
EVARISTO Mi raccomando a voi.
GIANNINA Ed io a lei (*riprende la rocca, siede e fila*).
EVARISTO (*vuol partire, si volta, e vede Candida sulla terrazza*) (Oh, eccola un'altra volta sulla terrazza. Se potessi prevenirla!²⁷) (*da sé, guarda intorno, e le vuol parlare*). Signora Candida? (*Candida gli volta le spalle, e parte senza rispondere*).
EVARISTO Che vuol dir questa novità? Sarebbe mai un disprezzo? Non è possibile... So che mi ama, ed è sicura che io l'adoro. Ma pure... Capisco ora cosa sarà. Sua zia l'avrà veduta, l'avrà osservata, non avrà voluto mostrare presso di lei... Sí sí, è cosí, non può essere diversamente. Ma bisogna rompere questo silenzio, bisogna parlare alla signora Geltruda, ed ottenere da lei il prezioso dono di sua nipote (*via*).
GIANNINA In verità sono obbligata alla signora Candida che si ricorda di me. Posso far meno per lei? Fra noi altre fanciulle sono piaceri che si fanno e che si cambiano senza malizia (*filando*).
CORONATO (*s'alza, e s'accosta a Giannina*) Grand'interessi, gran segreti col signor Evaristo!
GIANNINA E cosa c'entrate voi? e cosa deve premere a voi?

CORONATO Se non mi premesse, non parlerei.

Crespino s'alza pian piano dietro Coronato per ascoltare.

GIANNINA Voi non siete niente del mio, e non avete alcun potere sopra di me.
CORONATO Se non sono ora niente del vostro, lo sarò quanto prima.
GIANNINA Chi l'ha detto? (*con forza*).
CORONATO L'ha detto e l'ha promesso, e mi ha data parola, chi può darla e chi può disporre di voi.
GIANNINA Mio fratello forse... (*ridendo*).
CORONATO Sí, vostro fratello, e gli dirò i segreti, le confidenze, i regali...
CRESPINO Alto alto, padron mio (*entra fra li due*). Che pretensione avete voi sopra questa ragazza?
CORONATO A voi non deggio rendere questi conti.
CRESPINO E voi che confidenza avete col signor Evaristo? (*a Giannina*).
GIANNINA Lasciatemi star tutti e due, e non mi rompete la testa.
CRESPINO Voglio saperlo assolutamente (*a Giannina*).
CORONATO Cos'è questo voglio? Andate a comandare a chi v'appartiene. Giannina m'è stata promessa da suo fratello.
CRESPINO Ed io ho la parola da lei, e val piú una parola della sorella che cento parole di suo fratello.
CORONATO Su questo ci toccheremo la mano[28] (*a Crespino*).
CRESPINO Cosa vi ha dato il signor Evaristo? (*a Giannina*).
GIANNINA Un diavolo che vi porti.
CORONATO Eh, ora ora. L'ho veduto sortire[29] dalla merciaia. La merciaia me lo dirà (*corre da Susanna*).
CRESPINO Che abbia comprato qualche galanteria? (*va dalla merciaia*).
GIANNINA (Oh, io non dico niente sicuro... Non vorrei che Susanna...)

SCENA QUARTA

CORONATO Ditemi in grazia. Che cosa ha comprato da voi il signor Evaristo? (*a Susanna*).
SUSANNA Un ventaglio (*ridendo*).
CRESPINO Sapete voi che cosa ha donato a Giannina?
SUSANNA Ho bella! Il ventaglio (*ridendo*).
GIANNINA Non è vero niente (*contro Susanna*).
SUSANNA Come, non è vero niente? (*a Giannina, alzandosi*).
CORONATO Lasciate veder quel ventaglio (*a Giannina, con forza*).
CRESPINO Voi non c'entrate (*dà una spinta a Coronato*). Voglio veder quel ventaglio (*a Giannina*).

Coronato alza la mano, e minaccia Crespino.
Crespino lo stesso.

GIANNINA Per causa vostra (*a Susanna*).
SUSANNA Per causa mia? (*a Giannina, con sdegno*).
GIANNINA Siete una pettegola.
SUSANNA A me pettegola? (*s'avanza minacciando*).
GIANNINA Alla larga, che giuro al cielo... (*alza la rocca*).
SUSANNA Vado via, perché ci perdo del mio (*ritirandosi*).
GIANNINA Ci perde del suo?
SUSANNA Siete una contadina, trattate da quella che siete (*corre via in bottega*).
GIANNINA (*vorrebbe seguitarla[30]. Crespino la trattiene*) Lasciatemi stare.
CRESPINO Lasciatemi vedere il ventaglio (*con forza*).
GIANNINA Io non ho ventaglio.
CORONATO Cosa vi ha dato il signor Evaristo? (*a Giannina*).
GIANNINA Vi dico ch'è un'impertinenza la vostra (*a Coronato*).
CORONATO Voglio saperlo (*si accosta a Giannina*).
CRESPINO Non tocca a voi, vi dico (*lo respinge*).
GIANNINA Non si tratta cosí colle fanciulle onorate (*s'accosta alla sua casa*).
CRESPINO Ditelo a me, Giannina (*accostandosi a lei*).
GIANNINA Signor no (*s'accosta di piú alla porta*).

CORONATO Io, io ho da saperlo (*respinge Crespino, e s'accosta a Giannina*).
GIANNINA Andate al diavolo (*entra in casa, e gli serra la porta in faccia*).
CORONATO A me quest'affronto? (*a Crespino*). Per causa vostra (*minacciandolo*).
CRESPINO Voi siete un impertinente. ⎫ (*minaccian-*
CORONATO Non mi fate riscaldare il sangue ⎭ *dosi*).
CRESPINO Non ho paura di voi
CORONATO Giannina dev'essere mia (*con forza*).
CRESPINO No, non lo sarà mai. E se questo fosse, giuro al cielo...
CORONATO Cosa sono queste minaccie? Con chi credete di aver che fare?
CRESPINO Io sono un galantuomo, e son conosciuto.
CORONATO Ed io cosa sono?
CRESPINO Non so niente.
CORONATO Sono un oste onorato.
CRESPINO Onorato?
CORONATO Come! ci avreste voi qualche dubbio?
CRESPINO Non sono io che lo mette in dubbio.
CORONATO E chi dunque?
CRESPINO Tutto questo villaggio.
CORONATO Eh amico, non è di me che si parla. Io non vendo il cuoio vecchio per il cuoio nuovo.
CRESPINO Né io vendo l'acqua per vino, né la pecora per castrato, né vado di notte a rubar i gatti per venderli o per agnelli, o per lepre.
CORONATO Giuro al cielo... (*alza la mano*).
CRESPINO Ehi!... (*fa lo stesso*).
CORONATO Corpo di bacco! (*mette la mano in tasca*).
CRESPINO La mano in tasca! (*corre al banchetto per qualche ferro*).
CORONATO Non ho coltello... (*corre, e prende la sua banchetta*).
  Crespino lascia i ferri e prende un seggiolone dello speziale, e si vogliono dare [31].

SCENA QUINTA

Timoteo, Scavezzo e detti.

Timoteo dalla sua bottega, col pistetto [32] in mano. Limoncino dal caffè, con un legno. Scavezzo dall'osteria, con uno spiedo.

CONTE (*dalla casa di Geltruda, per dividere*)   Alto, alto, fermate, ve lo comando. Sono io, bestie, sono il conte di Roccamonte; ehi bestie, fermatevi, ve lo comando (*temendo però di buscare*).
CRESPINO   Hai ragione [33] che porto rispetto al signor Conte (*a Coronato*).
CORONATO   Sí, ringrazia il signor Conte, altrimenti t'avrei fracassato l'ossa.
CONTE   Animo, animo, basta cosí. Voglio saper la contesa. Andate via, voi altri. Ci sono io, e non c'è bisogno di nessuno.
TIMOTEO   C'è alcuno che sia ferito?

Limoncino e Scavezzo partono.

CONTE   Voi vorreste che si avessero rotto il capo, scavezzate [34] le gambe, slogato un braccio, non è egli vero? Per avere occasione di esercitare il vostro talento, la vostra abilità.
TIMOTEO   Io non cerco il mal di nessuno, ma se avessero bisogno, se fossero feriti, storpiati, fracassati, li servirei volentieri. Sopra tutti servirei di cuore in uno di questi casi Vostra Signoria illustrissima.
CONTE   Sei un temerario, ti farò mandar via.
TIMOTEO   I galantuomini non si mandano via cosí facilmente.
CONTE   Si mandano via i speziali ignoranti, temerari, impostori, come voi siete.

TIMOTEO Mi maraviglio ch'ella parli così, signore; ella che senza le mie pillole sarebbe morto.

CONTE Insolente!

TIMOTEO E le pillole non me l'ha ancora pagate (*via*).

CORONATO (Il Conte in questo caso mi potrebbe giovare) (*da sé*).

CONTE Ebbene, cosa è stato? cos'avete? qual è il motivo della vostra contesa?

CRESPINO Dirò, signore... Non ho riguardo di dirlo in faccia di tutto il mondo... Amo Giannina...

CORONATO E Giannina dev'essere mia.

CONTE Ah ah, ho capito. Guerra amorosa. Due campioni di Cupido. Due valorosi rivali. Due pretendenti della bella Venere, della bella dea delle Case Nove (*ridendo*).

CRESPINO Se ella crede di volermi porre in ridicolo... (*vuol partire*).

CONTE No. Venite qui (*lo ferma*).

CORONATO La cosa è seriosa[35], gliel'assicuro.

CONTE Sí, lo credo. Siete amanti e siete rivali. Cospetto di bacco! guardate le combinazioni! Pare la favola ch'ho letto alla signora Geltruda (*mostrando il libro, e legge*). «Eravi una donzella d'una bellezza sí rara...»

CRESPINO (Ho capito). Con sua licenza.

CONTE Dov'andate? Venite qui.

CRESPINO Se mi permette, vado a terminar di accomodare le sue scarpe.

CONTE Oh sí, andate, che siano finite per domattina.

CORONATO E sopra tutto che non siano accomodate col cuoio vecchio.

CRESPINO Verrò da voi per avere del cuoio nuovo (*a Coronato*).

CORONATO Per grazia del cielo, io non faccio né il ciabattino, né il calzolaro.

CRESPINO Non importa, mi darete della pelle di cavallo, della pelle di gatto (*via*).

CORONATO (Certo colui ha da morire per le mie mani) (*da sé*).

CONTE Che ha detto di gatti? Ci fareste voi mangiare del gatto?

SCENA QUINTA

CORONATO Signore, io sono un galantuomo, e colui è un impertinente che mi perseguita a torto.

CONTE Questo è un effetto della passione della rivalità. Siete voi dunque amante di Giannina?

CORONATO Sí signore, ed anzi voleva raccomandarmi alla di lei protezione.

CONTE Alla mia protezione? (*con aria*). Bene, si vedrà. Siete voi sicuro ch'ella vi corrisponda?

CORONATO Veramente dubito ch'ella sia portata piú per colui, che per me.

CONTE Male.

CORONATO Ma io ho la parola di suo fratello.

CONTE Non è da fidarsene molto.

CORONATO Moracchio me l'ha promessa sicuramente.

CONTE Questo va bene, ma non si può violentare una donna (*con forza*).

CORONATO Suo fratello può disporre di lei.

CONTE Non è vero: il fratello non può disporre di lei (*con caldo*).

CORONATO Ma la di lei protezione...

CONTE La mia protezione è bella e buona; la mia protezione è valevole; la mia protezione è potente. Ma un cavaliere, come son io, non arbitra e non dispone del cuor di una donna.

CORONATO Finalmente è una contadina.

CONTE Che importa questo? La donna è sempre donna; distinguo i gradi, le condizioni, ma in massima rispetto il sesso.

CORONATO (Ho capito, la sua protezione non val niente).

CONTE Come state di vino? Ne avete provveduto di buono?

CORONATO Ne ho del perfetto, dell'ottimo, dell'esquisito.

CONTE Verrò a sentirlo. Il mio quest'anno è riuscito male.

CORONATO (Son due anni che l'ha venduto).

CONTE Se il vostro è buono, mi provvederò da voi.

CORONATO (Non mi curo di questo vantaggio) (*da sé*).

CONTE Avete capito?

CORONATO Ho capito.

CONTE Ditemi una cosa. S'io parlassi alla giovane, e con buona maniera la disponessi?

CORONATO Le sue parole potrebbero forse oprar qualche cosa in mio vantaggio.

CONTE Voi finalmente meritate d'essere preferito.

CORONATO Mi parrebbe che da me a Crespino...

CONTE Oh, non vi è paragone. Un uomo, come voi, proprio[36], civile, galantuomo...

CORONATO Ella ha troppa bontà per me.

CONTE E poi rispetto alle donne[37], è vero, ma appunto per questo, trattandole com'io le tratto, vi assicuro che fanno per me quel che non farebbero per nessuno.

CORONATO Questo è quello che pensavo anch'io, ma ella mi voleva disperare[38].

CONTE Io faccio come quegli avvocati che principiano dalle difficoltà. Amico, voi siete un uomo che ha una buona osteria, che può mantenere una moglie con proprietà[39]: fidatevi di me, mi voglio interessare per voi.

CORONATO Mi raccomando alla sua protezione.

CONTE Ve l'accordo e ve la prometto.

CORONATO Se volesse darsi l'incomodo di venir a sentir il mio vino...

CONTE Ben volentieri. In casa vostra non vi ho alcuna difficoltà.

CORONATO Resti servita.

CONTE Buon galantuomo! (*gli mette la mano sulla spalla*). Andiamo (*entra*).

CORONATO Due o tre barili di vino non saranno mal impiegati (*entra*).

ATTO SECONDO

SCENA PRIMA

Susanna sola, ch'esce dalla bottega, e accomoda la roba della mostra[1].

SUSANNA   Gran poche faccende si fanno in questo villaggio! Non ho venduto che un ventaglio fin ora, ed anche l'ho dato ad un prezzo... Veramente per disfarmene. Le persone che ponno[2] spendere, vanno alla città a provvedersi. Dai poveri vi è poco da guadagnare. Sono una gran pazza a perdere qui il mio tempo; e poi in mezzo a questi villani senza convenienza, senza rispetto, non fanno differenza da una mercante merciaia a quelle che vendono il latte, l'insalata e le ova. L'educazione ch'io ho avuta alla città, non mi val niente in questa campagna. Tutte eguali e tutti compagni: Susanna, Giannina, Margherita, Lucia, la mercante, la capraia, la contadina: si fa d'ogni erba un fascio. Si distinguono un poco queste due signore, ma poco v'è; poco, pochissimo. Quell'impertinente di Giannina poi, perché ha un poco di protezione, si crede di essere qualche cosa di grande. Gli hanno donato un ventaglio! Cosa vuol fare una contadina di quel ventaglio? Oh, farà la bella figura! Si farà fresco... la... così... Oh che ti venga del bene! Sono cose da ridere; ma cose che qualche volta mi fan venire la rabbia. Son così, io che sono allevata civilmente, non posso soffrire le male grazie (*siede e lavora*).

SCENA SECONDA

Candida ch'esce dal palazzino, e detta.

CANDIDA Non son quieta se non vengo in chiaro di qualche cosa. Ho veduto Evaristo sortire dalla merciaia e poi andar da Giannina, e qualche cosa sicuramente le ha dato. Vo' veder se Susanna sa dirmi niente. Dice bene mia zia, non bisogna fidarsi delle persone senza bene conoscerle. Povera me! Se lo trovassi infedele! È il mio primo amore. Non ho amato altri che lui (*a poco a poco s'avanza verso Susanna*).
SUSANNA Oh signora Candida, serva umilissima (*si alza*).
CANDIDA Buon giorno, signora Susanna, che cosa lavorate di bello?
SUSANNA Mi diverto, metto assieme una cuffia.
CANDIDA Per vendere?
SUSANNA Per vendere, ma il cielo sa quando.
CANDIDA Può essere ch'io abbia bisogno d'una cuffia da notte.
SUSANNA Ne ho di fatti. Vuol restar servita?
CANDIDA No no, c'è tempo, un'altra volta.
SUSANNA Vuol accomodarsi qui un poco? (*le offre la sedia*).
CANDIDA E voi?
SUSANNA Oh, io prenderò un'altra sedia (*entra in bottega e piglia una sedia di paglia*). S'accomodi qui, che starà meglio.
CANDIDA Sedete anche voi, lavorate (*siede*).
SUSANNA Mi fa grazia a degnarsi della mia compagnia (*siede*). Si vede ch'è nata bene. Chi è ben nato, si degna di tutti. E questi villani sono superbi come luciferi, e quella Giannina poi...
CANDIDA A proposito di Giannina, avete osservato quando le parlava il signor Evaristo?
SUSANNA Se ho osservato? e come!

SCENA SECONDA

CANDIDA Ha avuto una lunga conferenza con lei.
SUSANNA Sa dopo cosa è succeduto? Sa la baruffa ch'è stata?
CANDIDA Ho sentito uno strepito, una contesa. Mi hanno detto che Coronato e Crespino si volevano dare.
SUSANNA Certo, e per causa di quella bella grazia, di quella gioja[3].
CANDIDA Ma perché?
SUSANNA Per gelosia fra di loro, per gelosia del signor Evaristo.
CANDIDA Credete voi che il signor Evaristo abbia qualche attacco[4] con Giannina?
SUSANNA Io non so niente, non bado ai fatti degli altri e non penso mal di nessuno, ma l'oste e il calzolaio, se sono gelosi di lui, avranno le loro ragioni.
CANDIDA (Povera me! L'argomento è troppo vero in mio danno!) (*da sé*).
SUSANNA Perdoni, non vorrei commettere qualche fallo.
CANDIDA A proposito di che?
SUSANNA Non vorrei ch'ella avesse qualche parzialità per il signor Evaristo...
CANDIDA Oh io! non ce n'ho nessuna. Lo conosco perché viene qualche volta in casa; è amico di mia zia.
SUSANNA Le dirò la verità. (Non credo ch'ella si possa offendere di questo) (*da sé*). Credeva quasi che fra lei ed il signor Evaristo vi fosse qualche buona corrispondenza... lecita e onesta, ma dopo ch'è stato da me questa mattina, mi sono affatto disingannata.
CANDIDA È stato da voi questa mattina?
SUSANNA Sí signora, le dirò... È venuto a comprar un ventaglio.
CANDIDA Ha comprato un ventaglio? (*con premura*)[5].
SUSANNA Sí certo, e come io aveva veduto ch'ella aveva rotto il suo, quasi per causa di quel signore, dissi subito fra me, lo comprerà per darlo alla signora Candida...
CANDIDA L'ha dunque comprato per me?
SUSANNA Oh signora no; anzi le dirò che ho avuto la temerità di domandarglielo se lo comprava per lei. In verità mi ha risposto in una maniera, come se io l'avessi

offeso: Non tocca a me, dice; cosa c'entro io colla signora Candida? L'ho destinato altrimenti.

CANDIDA E che cosa ha fatto di quel ventaglio?
SUSANNA Cosa ne ha fatto? L'ha regalato a Giannina.
CANDIDA (Ah son perduta, son disperata!) (*da sé, agitandosi*).
SUSANNA Signora Candida (*osservando la sua inquietudine*).
CANDIDA (Ingrato! Infedele! E perché? per una villana?) (*da sé*).
SUSANNA Signora Candida (*con premura*).
CANDIDA (L'offesa è insopportabile) (*da sé*).
SUSANNA (Povera me, l'ho fatta!) (*da sé*). Signora, s'acquieti, la cosa non sarà così.
CANDIDA Credete voi ch'egli abbia dato a Giannina il ventaglio?
SUSANNA Oh in quanto a questo, l'ho veduto io con questi occhi.
CANDIDA E cosa dunque mi dite, che non sarà?
SUSANNA Non so... non vorrei vederla per causa mia...

SCENA TERZA

Geltruda sulla porta del palazzino.

SUSANNA Oh, ecco la sua signora zia (*a Candida*).
CANDIDA Per amor del cielo, non dite niente (*a Susanna*).
SUSANNA Non v'è pericolo. (E voleva dirmi di no. Suo danno, perché non dirmi la verità?) (*da sé*).
GELTRUDA Che fate qui, nipote?

Candida e Susanna si alzano.

SUSANNA È qui a favorirmi, a tenermi un poco di compagnia.
CANDIDA Son venuta a vedere se ha una cuffia da notte.

SCENA TERZA

SUSANNA Sí, è vero, me l'ha domandata. Oh non dubiti niente, che con me può esser sicura. Non sono una frasca[6], e in casa mia non vien nessuno.

GELTRUDA Non vi giustificate fuor di proposito, signora Susanna.

SUSANNA Oh, io sono assai dilicata, signora.

GELTRUDA Perché non dirlo a me, se avete bisogno d'una cuffia?

CANDIDA Voi eravate nel vostro gabinetto a scrivere; non ho voluto sturbarvi[7].

SUSANNA Vuol vederla? La vado a prendere. S'accomodi qui, favorisca (*dà la sua sedia a Geltruda, ed entra in bottega*).

GELTRUDA Avete saputo niente di quella contesa ch'è stata qui fra l'oste ed il calzolaio? (*a Candida, e siede*).

CANDIDA Dicono per amore, per gelosie (*siede*). Dicono che sia stata causa Giannina.

GELTRUDA Mi dispiace, perché è una brava ragazza.

CANDIDA Oh signora zia, scusatemi, ho sentito delle cose di lei, che sarà bene che non la facciamo piú venire per casa.

GELTRUDA Perché? cosa hanno detto?

CANDIDA Vi racconterò poi. Fate a modo mio, signora, non la ricevete piú, che farete bene.

GELTRUDA Siccome ella veniva piú da voi, che da me, vi lascio in libertà di trattarla come volete.

CANDIDA (Indegna! Non avrà piú l'ardire di comparirmi dinanzi) (*da sé*).

SUSANNA (*che torna*) Ecco le cuffie, signora, guardi, scelga e si soddisfi.

Tutte tre si occupano alla scelta delle cuffie, e parlano piano fra loro.

SCENA QUARTA

Il Conte ed il Barone escono insieme dall'osteria.

CONTE Ho piacere che mi abbiate fatto la confidenza. Lasciatevi servire da me, e non dubitate.
BARONE So che siete amico della signora Geltruda.
CONTE Oh amico, vi dirò. Ella è una donna che ha qualche talento, io amo la letteratura, mi diverto con lei piú volentieri che con un'altra. Del resto poi ella è una povera cittadina. Suo marito le ha lasciato quella casupola con qualche pezzo di terra, e per essere rispettata in questo villaggio ha bisogno della mia protezione.
BARONE Viva il signor Conte che protegge le vedove, che protegge le belle donne.
CONTE Che volete? A questo mondo bisogna essere buoni da qualche cosa.
BARONE Mi farete dunque il piacere...
CONTE Non dubitate, le parlerò, le domanderò la nipote per un cavaliere mio amico; e quando gliela dimando io, son sicuro che non avrà ardire, che non avrà coraggio di dire di no.
BARONE Ditele chi sono.
CONTE Che serve? Quando gliela domando io.
BARONE Ma la domandate per me?
CONTE Per voi.
BARONE Sapete voi bene chi sono?
CONTE Non volete che io vi conosca? Non volete che io sappia i vostri titoli, le vostre facoltà, i vostri impieghi? Eh, fra noi altri titolati ci conosciamo.
BARONE (Oh come me lo goderei[8], se non avessi bisogno di lui!)
CONTE Oh collega amatissimo... (*con premura*).
BARONE Cosa c'è?
CONTE Ecco la signora Geltruda con sua nipote.
BARONE Sono occupate, credo che non ci abbiano veduto.

CONTE No certo. Se Geltruda mi avesse veduto, si sarebbe mossa immediatamente.
BARONE Quando le parlerete?
CONTE Subito, se volete.
BARONE Non è bene che io ci sia. Parlatele, io anderò a trattenermi dallo speziale.
CONTE Perché dallo speziale?
BARONE Ho bisogno di un poco di reobarbaro per la digestione.
CONTE Del reobarbaro? Vi darà della radica di sambuco.
BARONE No no, lo conosco. Se non sarà buono, non lo prenderò. Mi raccomando a voi.
CONTE Collega amatissimo (*lo abbraccia*).
BARONE Addio, collega carissimo. (È il piú bel pazzo di questo mondo) (*entra nella bottega dello speziale*).
CONTE Signora Geltruda (*chiama forte*).
GELTRUDA Oh signor Conte, perdoni, non l'aveva veduta (*si alza*).
CONTE Una parola, in grazia.
SUSANNA Favorisca, se comanda si servi qui⁹; è padrone.
CONTE No no; ho qualche cosa da dirvi segretamente. Scusate l'incomodo, ma vi prego di venir qui (*a Geltruda*).
GELTRUDA La servo subito. Mi permetta di pagar una cuffia che abbiamo preso, e sono da lei (*tira fuori una borsa per pagare Susanna, e per tirare in lungo*).
CONTE Vuol pagar subito! questo vizio io non l'ho mai avuto.

SCENA QUINTA

Coronato esce dell'osteria con Scavezzo, che porta un barile di vino in spalla.

CORONATO Illustrissimo, questo è un barile che viene a lei.

CONTE E l'altro?
CORONATO Dopo questo si porterà l'altro; dove vuol che si porti?
CONTE Al mio palazzo.
CORONATO A chi vuole che si consegni?
CONTE Al mio fattore, se c'è.
CORONATO Ho paura che non vi sarà.
CONTE Consegnatelo a qualcheduno.
CORONATO Benissimo, andiamo.
SCAVEZZO Mi darà poi la buona mano [10] il signor Conte.
CONTE Bada bene a non bever il vino, e non vi metter dell'acqua (*a Scavezzo*). Non lo lasciate andar solo (*a Coronato*).
CORONATO Non dubiti, non dubiti, ci sono anch'io (*via*).
SCAVEZZO (Sí sí, non dubiti, che fra io ed il padrone l'abbiamo accomodato a quest'ora) (*via*).
GELTRUDA (*ha pagato, e si avanza verso il Conte. Susanna siede e lavora. Candida resta a sedere, e parlano piano fra di loro*) Eccomi da lei, signor Conte. Cosa mi comanda?
CONTE In poche parole. Mi volete dar vostra nipote?
GELTRUDA Dare? Cosa intendete per questo dare?
CONTE Diavolo! non capite? In matrimonio.
GELTRUDA A lei?
CONTE Non a me, ma a una persona che conosco io, e che vi propongo io.
GELTRUDA Le dirò, signor Conte, ella sa che mia nipote ha perduto i suoi genitori, e ch'essendo figliuola d'un unico mio fratello, mi sono io caricata [11] di tenerle luogo di madre.
CONTE Tutti questi, compatitemi, sono discorsi inutili.
GELTRUDA Mi perdoni. Mi lasci venire al proposito della sua posizione.
CONTE Bene, e cosí?
GELTRUDA Candida non ha ereditato dal padre tanto che basti per maritarla secondo la sua condizione.
CONTE Non importa, non vi è questione di ciò.
GELTRUDA Ma mi lasci dire. Io sono stata beneficata da mio marito.

SCENA QUINTA

CONTE Lo so.
GELTRUDA Non ho figliuoli...
CONTE E voi le darete una dote... (*impaziente*).
GELTRUDA Sí signore, quando il partito le converrà (*con caldo*).
CONTE Oh, ecco il proposito necessario. Lo propongo io, e quando lo propongo io, le converrà.
GELTRUDA Son certa che il signor Conte non è capace che di proporre un soggetto accettabile, ma spero che mi farà l'onore di dirmi chi è.
CONTE È un mio collega.
GELTRUDA Come? un suo collega?
CONTE Un titolato come son io.
GELTRUDA Signore...
CONTE Non ci mettete difficoltà.
GELTRUDA Mi lasci dire, se vuole; e se non vuole, gli leverò l'incomodo e me n'anderò.
CONTE Via via, siate buona; parlate, vi ascolterò. Colle donne sono civile, sono compiacente; vi ascolterò.
GELTRUDA In poche parole le dico il mio sentimento. Un titolo di nobiltà fa il merito di una casa, ma non quello di una persona. Non credo mia nipote ambiziosa, né io lo sono per sacrificarla all'idolo della vanità.
CONTE Eh, si vede che voi avete letto le favole (*scherzando*).
GELTRUDA Questi sentimenti non s'imparano né dalle favole, né dalle storie. La natura gl'inspira e l'educazione li coltiva.
CONTE La natura, la coltivazione, tutto quel che volete. Quello ch'io vi propongo è il barone del Cedro.
GELTRUDA Il signor Barone è innamorato di mia nipote?
CONTE *Oui, madame.*
GELTRUDA Lo conosco, ed ho tutto il rispetto per lui.
CONTE Vedete che pezzo ch'io vi propongo?
GELTRUDA È un cavaliere di merito...
CONTE È mio collega.
GELTRUDA È un poco franco di lingua[12], ma non c'è male.
CONTE Animo dunque. Cosa mi rispondete?
GELTRUDA Adagio, adagio, signor Conte, non si decidono

queste cose cosí sul momento. Il signor Barone avrà la bontà di parlare con me...
CONTE   Quando lo dico io, scusatemi, non si mette in dubbio; io ve la domando per parte sua, e si è raccomandato, e mi ha pregato, e mi ha supplicato, ed io vi parlo, vi supplico, non vi supplico, ma ve la domando.
GELTRUDA   Supponiamo che il signor Barone dica davvero.
CONTE   Cospetto! Cos'è questo supponiamo? La cosa è certa: e quando lo dico io...
GELTRUDA   Via, la cosa è certa. Il signor Barone la brama. Vossignoria la domanda. Bisogna bene ch'io senta se Candida vi acconsente.
CONTE   Non lo saprà, se non glielo dite.
GELTRUDA   Abbia la bontà di credere che glielo dirò (*ironica*).
CONTE   Eccola lí, parlatele.
GELTRUDA   Le parlerò.
CONTE   Andate, e vi aspetto qui.
GELTRUDA   Mi permetta, e sono da lei (*fa riverenza*). (Se il Barone dicesse davvero, sarebbe una fortuna per mia nipote. Ma dubito ch'ella sia prevenuta[13]) (*da sé, e va verso la merciaia*).
CONTE   Oh, io poi colla mia buona maniera faccio fare alle persone tutto quello che io voglio (*tira fuori il libro, si mette sulla banchetta, e legge*).
GELTRUDA   Candida, andiamo a fare due passi. Ho necessità di parlarvi.
SUSANNA   Se vogliono restar servite nel mio giardinetto, saranno in pienissima libertà.

Si alzano.

GELTRUDA   Sí, andiamo, che sarà meglio, perché devo tornar qui subito (*entra in bottega*).
CANDIDA   Cosa mai vorrà dirmi? Son troppo sfortunata per aspettarmi alcuna consolazione (*entra in bottega*).
CONTE   È capace di farmi star qui un'ora ad aspettarla. Manco male che ho questo libro che mi diverte. Gran

bella cosa è la letteratura! Un uomo con un buon libro alla mano [14] non è mai solo (*legge piano*).

SCENA SESTA

Giannina di casa, e il Conte.

GIANNINA Oh via, il desinare è preparato, quando verrà quell'animale di Moracchio, non griderà. Nessuno mi vede; è meglio che vada ora a portare il ventaglio alla signora Candida. Se posso darglielo senza che la zia se ne accorga, glielo do; se no, aspetterò un altro incontro.
CONTE Oh ecco Giannina. Ehi! quella giovane (*s'incammina al palazzino*).
GIANNINA Signore (*dove si trova, voltandosi*).
CONTE Una parola (*la chiama a sé*).
GIANNINA Ci mancava quest'impiccio ora (*si avanza bel bello*).
CONTE (Non bisogna che io mi scordi di Coronato. Gli ho promesso la mia protezione, e la merita) (*si alza e mette via il libro*).
GIANNINA Son qui, cosa mi comanda?
CONTE Dove eravate indirizzata?
GIANNINA A fare i fatti miei, signore (*rusticamente*) [15].
CONTE Cosí mi rispondete? Con quest'audacia? con quest'impertinenza?
GIANNINA Come vuol ch'io parli? Parlo come so, come sono avvezza a parlare. Parlo cosí con tutti, e nessuno mi ha detto che sono una impertinente.
CONTE Bisogna distinguere con chi si parla.
GIANNINA Oh, io non so altro distinguere. Se vuol qualche cosa, me lo dica; se vuol divertirsi, io non ho tempo da perdere con vossignoria...
CONTE Illustrissima.
GIANNINA E eccellentissima ancora, se vuole.
CONTE Venite qui.

GIANNINA Son qui.
CONTE Vi volete voi maritare?
GIANNINA Signor sí.
CONTE Brava, cosí mi piace.
GIANNINA Oh, io quel che ho in core ho in bocca.
CONTE Volete che io vi mariti?
GIANNINA Signor no.
CONTE Come no?
GIANNINA Come no? perché no. Perché per maritarmi non ho bisogno di lei.
CONTE Non avete bisogno della mia protezione?
GIANNINA No in verità, niente affatto.
CONTE Sapete voi quel che io posso in questo villaggio?
GIANNINA Potrà tutto in questo villaggio, ma non può niente nel mio matrimonio.
CONTE Non posso niente?
GIANNINA Niente in verità, niente affatto (*ridendo dolcemente*).
CONTE Voi siete innamorata in [16] Crespino.
GIANNINA Oh, per me ha dello spirito che mi basta.
CONTE E lo preferite a quel galantuomo, a quell'uomo ricco, a quell'uomo di proposito di Coronato?
GIANNINA Oh, lo preferirei bene ad altri che a Coronato.
CONTE Lo preferireste a degli altri?
GIANNINA Se sapesse a chi lo preferirei! (*ridendo, ed a moti si spiega per lui* [17]).
CONTE E a chi lo preferireste?
GIANNINA Cosa serve? non mi faccia parlare.
CONTE No, perché sareste capace di dire qualche insolenza.
GIANNINA Comanda altro da me?
CONTE Orsú, io proteggo vostro fratello, vostro fratello ha dato parola per voi a Coronato, e voi dovete maritarvi con Coronato.
GIANNINA Vossignoria...
CONTE Illustrissima.
GIANNINA Vossignoria illustrissima protegge mio fratello? (*affettata*).
CONTE Cosí è, sono impegnato.

SCENA SESTA

GIANNINA E mio fratello ha dato parola a Coronato?
CONTE Sicuramente.
GIANNINA Oh, quando è cosí...
CONTE E bene?
GIANNINA Mio fratello sposerà Coronato.
CONTE Giuro al cielo, Crespino non lo sposerete.
GIANNINA No? perché?
CONTE Lo farò mandar via di questo villaggio.
GIANNINA Anderò a cercarlo dove sarà.
CONTE Lo farò bastonare.
GIANNINA Oh, in questo ci penserà lui.
CONTE Lo farò accoppare.
GIANNINA Questo mi dispiacerebbe veramente.
CONTE Cosa fareste s'egli fosse morto?
GIANNINA Non so.
CONTE Ne prendereste un altro?
GIANNINA Potrebbe darsi di sí.
CONTE Fate conto ch'egli sia morto.
GIANNINA Signor, non so né leggere, né scrivere, né far conti.
CONTE Impertinente!
GIANNINA Mi comanda altro?
CONTE Andate al diavolo.
GIANNINA M'insegni la strada.
CONTE Giuro al cielo, se non foste una donna!
GIANNINA Cosa mi farebbe?
CONTE Andate via di qua.
GIANNINA Subito l'obbedisco, e poi mi dirà ch'io non so le creanze (*s'incammina verso il palazzino*).
CONTE Creanze, creanze! Va via senza salutare (*sdegnato dietro a Giannina*).
GIANNINA Oh perdoni. Serva di vossignoria...
CONTE Illustrissima (*sdegnato*).
GIANNINA Illustrissima (*ridendo corre nel palazzino*).
CONTE *Rustica progenies nescit habere modum* [18] (*sdegnato*). Non so cosa fare; se non vuol Coronato, io non la posso obbligare; non ha mancato da me [19]. Cosa si è messo in capo colui di voler una moglie che non lo vuole! Mancano donne al mondo? Gliene troverò una io. Una

meglio di questa. Vedrà, vedrà l'effetto della mia protezione.

SCENA SETTIMA

Geltruda e Candida fuori della bottega della merciaia, e detto.

CONTE   E cosí, signora Geltruda?
GELTRUDA   Signore, mia nipote è una giovane saggia e prudente.
CONTE   E cosí, alle corte[20].
GELTRUDA   Ma ella m'affatica in verità, signor Conte.
CONTE   Scusatemi; se sapeste quel ch'ho passato con una donna! è vero, che un'altra donna... (Ma tutte donne!) E cosí, cosa dice la saggia e prudente signora Candida?
GELTRUDA   Supposto che il signor Barone...
CONTE   Supposto: maledetti i vostri supposti.
GELTRUDA   Dato, concesso, assicurato, concluso, come comanda vossignoria.
CONTE   Illustrissima (*fra' denti, da sé*).
GELTRUDA   Signore (*domandandogli cosa ha detto*).
CONTE   Niente niente, tirate innanzi.
GELTRUDA   Accordate le condizioni e le convenienze, mia nipote è contenta di sposare il signor Barone.
CONTE   Brava, bravissima (*a Candida*). (Questa volta almeno ci sono riuscito) (*da sé*).
CANDIDA   (Sí, per vendicarmi di quel perfido d'Evaristo) (*da sé*).
GELTRUDA   (Non credeva, certo, ch'ella v'acconsentisse. Mi pareva impegnata in certo amoretto... ma mi sono ingannata) (*da sé*).

SCENA OTTAVA

Giannina sulla terrazza, e detti.

GIANNINA (Non c'è, non la trovo in nessun luogo) (*da sé*). Oh eccola lí.
CONTE Cosí dunque la signora Candida sposerà il signor Barone del Cedro.
GIANNINA (Cosa sento? cosa risponderà?) (*da sé*).
GELTRUDA Ella lo farà quando le condizioni... (*al Conte*).
CONTE Quali condizioni ci mettete voi? (*a Candida*).
CANDIDA Nessuna, signore, lo sposerò in ogni modo (*al Conte*).
CONTE Viva la signora Candida, cosí mi piace. (Eh, quando mi meschio[21] io negli affari, tutto va a meraviglia) (*si pavoneggia*).
GIANNINA (Questa è una cosa terribile. Povero signor Evaristo! È inutile ch'io le dia il ventaglio) (*da sé, via*).
GELTRUDA (Mi sono ingannata. Ella amava il Barone, ed io la credeva accesa[22] del signor Evaristo) (*da sé*).
al Barone, al mio caro amico, al mio caro collega.
CONTE Se mi permettete, vado a dare questa buona nuova al Barone, al mio caro amico, al mio caro collega.
GELTRUDA E dov'è il signor Barone?
CONTE Mi aspetta dallo speziale. Fate una cosa. Andate a casa; ed io ve lo conduco immediatamente.
GELTRUDA Cosa dite, nipote?
CANDIDA Sí, parlerà con voi (*a Geltruda*).
CONTE E con voi (*a Candida*).
CANDIDA Mi rimetto a quello che farà la signora zia. (Morirò, ma morirò vendicata) (*da sé*).
CONTE Vado subito. Aspettateci. Verremo da voi... Come l'ora è un poco avanzata, non sarebbe male che gli offeriste di tenerlo a pranzo (*a Geltruda*).
GELTRUDA Oh, per la prima volta!
CONTE Eh, queste sono delicatezze superflue. L'accetterà

volentieri, m'impegno io, e per obbligarlo ci resterò ancor io (*parte, ed entra dallo speziale*).
GELTRUDA Andiamo ad attenderli adunque (*a Candida*).
CANDIDA Andiamo (*melanconica*).
GELTRUDA Che cosa avete? Lo fate voi di buon animo? (*a Candida*).
CANDIDA Sí, di buon animo. (Ho data la mia parola, non vi è rimedio).
GELTRUDA (Povera fanciulla, la compatisco. In questi casi (*s'incammina verso il palazzino*), malgrado l'amore, si sente sempre un poco di confusione) (*come sopra*).

SCENA NONA

Giannina dal palazzino, e Candida.

GIANNINA Oh signora Candida.
CANDIDA Cosa fate voi qui? (*in collera*).
GIANNINA Veniva in traccia di lei...
CANDIDA Andate via, e in casa nostra non ardite piú di mettervi il piede.
GIANNINA Come! A me quest'affronto?
CANDIDA Che affronto! Siete un'indegna, e non deggio [23] e non posso piú tollerarvi (*entra nel palazzino*).
GELTRUDA (È un poco troppo veramente) (*da sé*).
GIANNINA (Io resto di sasso!) Signora Geltruda...
GELTRUDA Mi dispiace della mortificazione che avete provata, ma mia nipote è una giovane di giudizio, e se vi ha trattata male, avrà le sue ragioni per farlo.
GIANNINA Che ragioni può avere? Mi maraviglio di lei (*forte*).
GELTRUDA Ehi, portate rispetto. Non alzate la voce.
GIANNINA Voglio andare a giustificarmi... (*in atto di partire*).
GELTRUDA No no, fermatevi. Ora non serve, lo farete poi.

GIANNINA Ed io le dico che voglio andare adesso (*vuol andare*).
GELTRUDA Non ardirete di passare per questa porta (*si mette sulla porta*).

SCENA DECIMA

Conte e Barone dallo speziale, per andar al palazzino, e dette.

CONTE Andiamo, andiamo.
BARONE Ci verrò per forza.
GELTRUDA Impertinente! (*a Giannina; poi entra e chiude la porta nell'atto che si presentano il Conte ed il Barone, non veduti da lei*).

Giannina arrabbiata s'allontana e smania.
Il Conte resta senza parlare, guardando la porta.

BARONE Come, ci chiude la porta in faccia?
CONTE In faccia? Non è possibile.
BARONE Non è possibile? Non è possibile quel ch'è di fatto?
GIANNINA A me un affronto? (*da sé, passeggiando e fremendo*).
CONTE Andiamo a battere, a vedere, a sentire (*al Barone*).
GIANNINA (S'entrano essi, entrerò ancor io).
BARONE No, fermatevi, non ne vo' saper altro. Non voglio espormi a novelli insulti. Mi son servito di voi male a proposito. V'hanno deriso voi, ed hanno posto in ridicolo me per cagion vostra.
CONTE Che maniera di parlare è codesta? (*si scalda*).
BARONE E ne voglio soddisfazione.
CONTE Da chi?
BARONE Da voi.
CONTE Come?

BARONE Colla spada alla mano.
CONTE Colla spada? Sono vent'anni che sono in questo villaggio, e che non adopero piú la spada.
BARONE Colla pistola dunque.
CONTE Sí, colle pistole. Anderò a prendere le mie pistole (*vuol partire*).
BARONE No, fermatevi. Eccone due. Una per voi e una per me (*le tira di saccoccia*)[24].
GIANNINA Pistole? Ehi gente. Aiuto. Pistole. Si ammazzano (*corre in casa*).

Il Conte imbarazzato.

SCENA UNDICESIMA

Geltruda sulla terrazza, e detti; poi Limoncino e Tognino.

GELTRUDA Signori miei, cos'è questa novità?
CONTE Perché ci avete serrata la porta in faccia? (*a Geltruda*).
GELTRUDA Io? Scusatemi. Non sono capace di un'azione villana con chi che sia. Molto meno con voi e col signor Barone, che si degna di favorir mia nipote.
CONTE Sentite (*al Barone*).
BARONE Ma signora mia, nell'atto che volevamo venir da voi, ci è stata serrata la porta in faccia.
GELTRUDA Vi protesto[25] che non vi aveva veduti, ed ho serrato la porta per impedire che non entrasse quella scioccherella di Giannina.
GIANNINA (*mette fuori la testa con paura dalla sua porta*) Cos'è questa scioccarella? (*caricando con disprezzo*[26], *e torna dentro*).
CONTE Zitto lí, impertinente (*contro Giannina*).
GELTRUDA Se vogliono favorire, darò ordine che sieno introdotti (*via*).

SCENA UNDICESIMA

CONTE Sentite? (*al Barone*).
BARONE Non ho niente che dire.
CONTE Cosa volete fare di quelle pistole?
BARONE Scusate la delicatezza d'onore... (*mette via le pistole*).
CONTE E volete presentarvi a due donne colle pistole in saccoccia?
BARONE Le porto in campagna per mia difesa.
CONTE Ma se lo sanno che abbiate quelle pistole, sapete cosa sono le donne, non vorranno che vi accostiate.
BARONE Avete ragione. Vi ringrazio di avermi prevenuto, e per segno di buona amicizia, ve ne faccio un presente (*le torna a tirar fuori e gliele presenta*).
CONTE Un presente a me? (*con timore*).
BARONE Sí, spero che non lo ricuserete.
CONTE Le accetterò perché vengono dalle vostre mani. Sono cariche?
BARONE Che domanda! Volete ch'io porti le pistole vuote?
CONTE Aspettate. Ehi dal caffè.
LIMONCINO (*dalla bottega del caffè*) Cosa mi comanda?
CONTE Prendete queste pistole, e custoditele, che le manderò a pigliare.
LIMONCINO Sarà servito (*prende le pistole del Barone*).
CONTE Badate bene che sono cariche.
LIMONCINO Eh, ch'io le so maneggiare (*scherza colle pistole*).
CONTE Ehi, ehi, non fate la bestia (*con timore*).
LIMONCINO (È valoroso il signor Conte) (*via*).
CONTE Vi ringrazio, e ne terrò conto. (Dimani le venderò).
TOGNINO (*dal palazzino*) Signori, la padrona li aspetta.
CONTE Andiamo.
BARONE Andiamo.
CONTE Ah! che ne dite? Sono uomo io? Eh collega amatissimo. Noi altri titolati! La nostra protezione val qualche cosa (*s'incammina*).

Giannina di casa, pian piano, va dietro di loro per entrare. Il Conte ed il Barone entrano, introdotti da Tognino che resta sulla porta. Giannina vorrebbe entrare, e Tognino la ferma.

TOGNINO Voi non ci avete che fare.
GIANNINA Signor sí, ci ho che fare.
TOGNINO Ho ordine di non lasciarvi entrare (*entra, e chiude la porta*).
GIANNINA Ho una rabbia a non potermi sfogare, che sento proprio che la bile mi affoga (*avanzandosi*). A me un affronto? A una giovane della mia sorte? (*smania per la scena*).

SCENA DODICESIMA

Evaristo di strada, collo schioppo in spalla, e Moracchio collo schioppo in mano, una sacchetta col salvatico, ed il cane attaccato alla corda; e detta. Poi Tognino.

EVARISTO Tenete, portate il mio schioppo da voi. Custodite quelle pernici fino che io ne dispongo. Vi raccomando il cane (*siede al caffè, piglia tabacco e s'accomoda*).
MORACCHIO Non dubiti che sarà tutto ben custodito (*ad Evaristo*). Il desinare è all'ordine? (*a Giannina, avanzandosi*).
GIANNINA È all'ordine (*arrabbiata*).
MORACCHIO Cosa diavolo hai? Sei sempre in collera con tutto il mondo, e poi ti lamenti di me.
GIANNINA Oh, è vero. Siamo fratelli, non vi è niente che dire.
MORACCHIO Via, andiamo a desinare, ch'è ora (*a Giannina*).
GIANNINA Sí sí, va avanti, che poi verrò. (Voglio parlare col signor Evaristo).

SCENA DODICESIMA

MORACCHIO Se vieni, vieni; se non vieni, mangerò io (*entra in casa*).

GIANNINA Se ora mangiassi, mangerei del veleno.

EVARISTO (Non si vede nessuno nella terrazza. Saranno a pranzo probabilmente. È meglio ch'io vada all'osteria. Il Barone mi aspetta) (*si alza*). Ebbene, Giannina, avete niente da dirmi? (*vedendo Giannina*).

GIANNINA Oh sí, signore, ho qualche cosa da dirle (*bruscamente*).

EVARISTO Avete dato il ventaglio?

GIANNINA Eccolo qui il suo maladetto ventaglio.

EVARISTO Che vuol dire non avete potuto darlo?

GIANNINA Ho ricevuto mille insulti, mille impertinenze, e mi hanno cacciato di casa come una briccona.

EVARISTO Si è forse accorta la signora Geltruda?

GIANNINA Eh, non è stata solamente la signora Geltruda. Le maggiori impertinenze me l'ha dette la signora Candida.

EVARISTO Perché? Cosa le avete fatto?

GIANNINA Io non le ho fatto niente, signore.

EVARISTO Le avete detto che avevate un ventaglio per lei?

GIANNINA Come poteva dirglielo, se non mi ha dato tempo, e mi hanno scacciata come una ladra?

EVARISTO Ma ci deve essere il suo perché.

GIANNINA Per me so di non averle fatto niente. E tutto questo maltrattamento son certa, son sicura, che me lo ha fatto per causa vostra.

EVARISTO Per causa mia? La signora Candida che mi ama tanto?

GIANNINA Vi ama tanto la signora Candida?

EVARISTO Non vi è dubbio, ne son sicurissimo.

GIANNINA Oh sí, vi assicuro anch'io che vi ama bene, bene, ma bene.

EVARISTO Voi mi mettete in una agitazione terribile.

GIANNINA Andate, andate a ritrovare la vostra bella, la vostra cara (*ironica*).

EVARISTO E perché non vi posso andare?

GIANNINA Perché il posto è preso.

EVARISTO Da chi? (*affannato*).
GIANNINA Dal signor Barone del Cedro.
EVARISTO Il Barone è in casa? (*con maraviglia*).
GIANNINA Che difficoltà c'è che sia in casa, se è lo sposo della signora Candida?
EVARISTO Giannina, voi sognate, voi delirate, voi non fate che dire degli spropositi.
GIANNINA Non mi credete, andate a vedere, e saprete s'io dico la verità.
EVARISTO In casa della signora Geltruda...
GIANNINA E della signora Candida.
EVARISTO Vi è il Barone?
GIANNINA Del Cedro...
EVARISTO Sposo della signora Candida...
GIANNINA L'ho veduto con questi occhi e sentito con queste orecchie.
EVARISTO Non può stare, non può essere, voi dite delle bestialità.
GIANNINA Andate, vedete, sentite, e vedrete s'io dico delle bestialità (*cantando*).
EVARISTO Subito, immediatamente (*corre al palazzino e batte*).
GIANNINA Povero sciocco! Si fida dell'amore d'una giovane di città! Non sono come noi no, le cittadine.

Evaristo freme, e torna a battere.
Tognino apre, e si fa vedere sulla porta.

EVARISTO E bene!
TOGNINO Perdoni, io non posso introdur nessuno.
EVARISTO Avete detto che sono io?
TOGNINO L'ho detto.
EVARISTO Alla signora Candida?
TOGNINO Alla signora Candida.
EVARISTO E la signora Geltruda non vuole ch'io entri?
TOGNINO Anzi la signora Geltruda aveva detto di lasciarla entrare, e la signora Candida non ha voluto.
EVARISTO Non ha voluto? Ah giuro al cielo! Entrerò (*vuol sforzare e Tognino gli serra la porta in faccia*).

GIANNINA Ah! cosa le ho detto io?
EVARISTO Son fuor di me. Non so in che mondo mi sia. Chiudermi la porta in faccia?
GIANNINA Oh, non si meravigli. L'hanno fatto anche a me questo bel trattamento.
EVARISTO Com'è possibile che Candida m'abbia potuto ingannare?
GIANNINA Quel ch'è di fatto non si può mettere in dubbio.
EVARISTO Ancora non lo credo, non lo posso credere, non lo crederò mai.
GIANNINA Non lo crede?
EVARISTO No, vi sarà qualche equivoco, qualche mistero, conosco il cuore di Candida; non è capace.
GIANNINA Bene. Si consoli cosí. Speri e se la goda, che buon pro le faccia.
EVARISTO Voglio parlar con Candida assolutamente.
GIANNINA Se non l'ha voluto ricevere!
EVARISTO Non importa. Vi sarà qualche altra ragione. Andrò in casa del caffettiere. Mi basta di vederla, di sentire una parola da lei. Mi basta un cenno per assicurarmi della mia vita o della mia morte.
GIANNINA Tenga.

SCENA TREDICESIMA

Coronato e Scavezzo vengono da dove sono andati; Scavezzo va a dirittura[27] all'osteria. Coronato resta in disparte ad ascoltare; e detti.

EVARISTO Cosa volete darmi?
GIANNINA Il ventaglio.
EVARISTO Tenetelo, non mi tormentate.
GIANNINA Me lo dona il ventaglio?
EVARISTO Sí, tenetelo, ve lo dono. (Son fuor di me stesso).

GIANNINA Quand'è cosí, la ringrazio.
CORONATO (Oh oh, ora ho saputo cos'è il regalo. Un ventaglio) (*senza esser veduto entra nell'osteria*).
EVARISTO Ma se Candida non si lascia da me vedere, se per avventura non si affaccia alle sue finestre, se vedendomi ricusa di ascoltarmi, se la zia glielo vieta, sono in un mare di agitazioni, di confusioni.

Crespino con un sacco in spalla di curame[28] e scarpe ecc. va per andare alla sua bottega, vede li due, si ferma ad ascoltare.

GIANNINA Caro signor Evaristo, ella mi fa pietà, mi fa compassione.
EVARISTO Sí, Giannina mia, lo merito veramente.
GIANNINA Un signore sí buono, sí amabile, sí cortese!
EVARISTO Voi conoscete il mio cuore, voi siete testimonio dell'amor mio.
CRESPINO (Buono, sono arrivato a tempo) (*col sacco in spalla, da sé*).
GIANNINA In verità, se sapessi io la maniera di consolarlo!
CRESPINO (Brava!)
EVARISTO Sí, ad ogni costo voglio tentar la mia sorte. Non voglio potermi rimproverare di aver trascurato di sincerarmi. Vado al caffè, Giannina, vado e vi vado tremando. Conservatemi l'amor vostro e la vostra bontà (*la prende per mano*[29]*, ed entra nel caffè*).
GIANNINA Da una parte mi fa ridere, dall'altra mi fa compassione. (*Crespino mette giú il sacco, tira fuori le scarpe ecc., le mette sul banchetto e in bottega, senza dir niente*). Oh ecco Crespino. Ben ritornato. Dove siete stato sinora?
CRESPINO Non vedete? A comprare del cuoio e a prendere delle scarpe d'accomodare.
GIANNINA Ma voi non fate che accomodar delle scarpe vecchie. Non vorrei che dicessero... Sapete che non vi sono che delle male lingue.
CRESPINO Eh, le male lingue avranno da divertirsi piú sopra di voi che sopra di me (*lavorando*).

SCENA TREDICESIMA

GIANNINA   Sopra di me? che cosa possono dire di me?
CRESPINO   Cosa m'importa che dicano ch'io faccio piú il ciabattino che il calzolaro? Mi basta d'essere un galantuomo e di guadagnarmi il pane onoratamente (*lavorando*).
GIANNINA   Ma io non vorrei mi dicessero la ciabattina.
CRESPINO   Quando?
GIANNINA   Quando sarò vostra moglie.
CRESPINO   Eh!
GIANNINA   Eh! cosa questo eh? cosa vuol dir questo eh?
CRESPINO   Vuol dire che la signora Giannina non sarà né ciabattina, né calzolaia, ch'ella ha delle idee vaste e grandiose.
GIANNINA   Siete pazzo, o avete bevuto questa mattina?
CRESPINO   Non son pazzo, non ho bevuto, ma non sono né orbo, né sordo.
GIANNINA   E che diavolo volete dire? Spiegatevi, se volete ch'io vi capisca (*si avanza*).
CRESPINO   Vuol che mi spieghi? Mi spiegherò. Credete ch'io non abbia sentito le belle parole col signor Evaristo?
GIANNINA   Col signor Evaristo?
CRESPINO   *Sí, Giannina mia... voi conoscete il mio core... voi siete testimonio dell'amor mio* (*contrafacendo Evaristo*).
GIANNINA   Oh matto! (*ridendo*).
CRESPINO   *In verità, se sapessi la maniera di consolarlo!* (*contrafacendo Giannina*).
GIANNINA   Oh matto! (*come sopra*).
CRESPINO   *Giannina, conservatemi l'amor vostro e la vostra bontà* (*contrafacendo Evaristo*).
GIANNINA   Matto, e poi matto (*come sopra*).
CRESPINO   Io matto?
GIANNINA   Sí, voi, voi matto, stramatto e di là di matto.
CRESPINO   Corpo del diavolo, non ho veduto io? Non ho sentito la bella conversazione col signor Evaristo?
GIANNINA   Matto.
CRESPINO   E quello che gli avete risposto?
GIANNINA   Matto.

CRESPINO Giannina, finite con questo *matto*, che farò da matto da vero (*minacciando*).
GIANNINA Ehi ehi! (*con serietà, poi cangia tuono*). Ma credete voi che il signor Evaristo abbia della premura per me?
CRESPINO Non so niente.
GIANNINA E ch'io sia cosí bestia per averne per lui?
CRESPINO Non so niente.
GIANNINA Venite qua, sentite (*dice presto presto*). Il signor Evaristo è amante della signora Candida, e la signora Candida lo ha burlato e vuol sposare il signor Barone. E il signor Evaristo è disperato, è venuto a sfogarsi meco, ed io lo compassionava per burlarmi di lui, ed egli si consolava con me. Avete capito?
CRESPINO Né anche una parola.
GIANNINA Siete persuaso della mia innocenza?
CRESPINO Non troppo.
GIANNINA Quando è cosí, andate al diavolo. Coronato mi brama, Coronato mi cerca. Mio fratello gli ha dato parola. Il signor Conte mi stimola, mi prega. Sposerò Coronato (*presto*).
CRESPINO Adagio, adagio. Non andate subito sulle furie. Posso assicurarmi che dite la verità? Che non avete niente che fare col signor Evaristo?
GIANNINA E non volete che vi dica matto? Caro il mio Crespino, che vi voglio tanto bene, che siete l'anima mia, il mio caro coccolo[30], il mio caro sposino (*accarezzandolo*).
CRESPINO E cosa vi ha donato il signor Evaristo? (*dolcemente*).
GIANNINA Niente.
CRESPINO Niente sicuro? niente?
GIANNINA Quando vi dico niente, niente. (Non voglio che sappia del ventaglio, che subito sospetterebbe).
CRESPINO Posso esser certo?
GIANNINA Ma via, non mi tormentate.
CRESPINO Mi volete bene?
GIANNINA Sí, vi voglio bene.
CRESPINO Via, facciamo la pace (*le tocca la mano*).

GIANNINA   Matto (*ridendo*).
CRESPINO   Ma perché matto? (*ridendo*).
GIANNINA   Perché siete un matto.

SCENA QUATTORDICESIMA

Coronato ch'esce dall'osteria, e detti.

CORONATO   Finalmente ho saputo il regalo che ha avuto la signora Giannina.
GIANNINA   Cosa c'entrate con me voi?
CRESPINO   Da chi ha avuto un regalo? (*a Coronato*).
CORONATO   Dal signor Evaristo.
GIANNINA   Non è vero niente.
CRESPINO   Non è vero niente?
CORONATO   Sí sí, e so che regalo è (*a Giannina*).
GIANNINA   Sia quel ch'esser si voglia, a voi non deve importare; io amo Crespino, e sarò moglie del mio Crespino.
CRESPINO   E bene, che regalo è? (*a Coronato*).
CORONATO   Un ventaglio.
CRESPINO   Un ventaglio? (*a Giannina, in collera*).
GIANNINA   (Maladetto colui).
CRESPINO   Avete ricevuto un ventaglio? (*a Giannina*).
GIANNINA   Non è vero niente.
CORONATO   Tanto è vero, che lo avete ancora in saccoccia.
CRESPINO   Voglio veder quel ventaglio.
GIANNINA   Signor no (*a Crespino*).
CORONATO   Troverò io la maniera di farvelo metter fuori.
GIANNINA   Siete un impertinente.

SCENA QUINDICESIMA

Moracchio di casa colla salvietta, e mangiando; e detti.

MORACCHIO Cos'è questo baccanale?
CORONATO Vostra sorella ha avuto un ventaglio in regalo, lo ha in saccoccia e nega di averlo.
MORACCHIO A me quel ventaglio (*a Giannina, con comando*).
GIANNINA Lasciatemi stare (*a Moracchio*).
MORACCHIO Dammi quel ventaglio, che giuro al cielo... (*minacciandola*).
GIANNINA Maladetto! Eccolo qui (*lo fa vedere*).
CRESPINO A me, a me (*lo vorrebbe prendere*).
CORONATO Lo voglio io (*con collera lo vuole prendere*).
GIANNINA Lasciatemi stare, maladetti.
MORACCHIO Presto, da' qui, che lo voglio io.
GIANNINA Signor no (*a Moracchio*). Piuttosto lo voglio dare a Crespino.
MORACCHIO Da' qui, dico.
GIANNINA A Crespino (*dà il ventaglio a Crespino, e corre in casa*).
CORONATO Date qui.
MORACCHIO Date qui.
CRESPINO Non l'avrete.

Tutti due sono attorno a Crespino per averlo; egli fugge via per le quinte, e loro appresso.

SCENA SEDICESIMA

Conte sulla terrazza, Timoteo alla balconata. Poi il Barone e detti.

CONTE   Ehi, signor Timoteo (*forte con premura*).
TIMOTEO   Cosa comanda?
CONTE   Presto, presto, portate dei spiriti[31], dei cordiali. È venuto male alla signora Candida.
TIMOTEO   Subito vengo (*entra in bottega*).
CONTE   Che diavolo ha avuto a quella finestra? Bisogna che nel giardino del caffettiere vi siano delle piante avvelenate (*entra*).

Crespino traversa il teatro, e va dall'altra parte correndo.
Coronato e Moracchio gli corrono dietro senza dir niente, e tutti via.

BARONE (*dal palazzino va a sollecitare lo speziale*)   Animo, presto, signor Timoteo.
TIMOTEO (*dalla speziaria[32] con una sottocoppa con varie boccette*)   Eccomi, eccomi.
BARONE   Presto, che vi è bisogno di voi (*corre nel palazzino*).
TIMOTEO   Son qui, son qui (*va per entrare*).

Crespino, Coronato, Moracchio da un'altra quinta corrono come sopra. Urtano Timoteo, e lo fanno cadere con tutte le sue boccette, che si fracassano. Crespino casca e perde il ventaglio. Coronato lo prende e lo porta via. Timoteo si alza e torna in bottega.

CORONATO   Eccolo, eccolo, l'ho avuto io (*a Moracchio*).
MORACCHIO   Ci ho gusto, tenetelo voi. Giannina mi renderà conto da chi l'ha avuto (*entra in casa*).

CORONATO Intanto gliel'ho fatta vedere, l'ho avuto io (*entra nell'osteria*).
CRESPINO Oh maladetti! Mi hanno stroppiato[33]. Ma pazienza. Mi dispiace piú che Coronato abbia avuto il ventaglio. Pagherei sei para di scarpe a poterlo ricuperare, per farlo in pezzi... Per farlo in pezzi? Perché? Perché è un regalo fatto alla mia amorosa? Eh, pazzie, pazzie: Giannina è una buona ragazza, le voglio bene, e non bisogna esser cosí delicati[34] (*zoppicando entra in bottega*).

ATTO TERZO

SCENA PRIMA

Muta sino alla sortita del Conte e del Barone.

Crespino esce dalla bottega con del pane, del formaggio, un piatto con qualche cosa da mangiare, ed un boccale vuoto. Si fa luogo al suo banchetto per desinare. Tognino dal palazzino con una scopa in mano corre alla speziaria ed entra. Crespino si mette a tagliare il pane, sempre senza parlare. Coronato dall'osteria con Scavezzo che porta una barila[1] in spalla, simile a quella che ha portato al Conte. Coronato passa davanti a Crespino, lo guarda e ride. Crespino lo guarda e freme. Coronato ridendo passa oltre, e va per la stessa scena ove ha portato la prima barila. Crespino guarda dietro a Coronato che parte, e quando non lo vede piú, seguita le sue faccende. Tognino, dalla speziaria, viene a spazzare i vetri delle caraffe rotte. Timoteo, correndo dalla speziaria, passa al palazzino con sottocoppe e caraffe, ed entra; Tognino spazza, Crespino prende il suo boccale e va pian piano e melanconico all'osteria, ed entra; Tognino spazza. Susanna esce di bottega, accomoda la sua mostra, poi si mette a sedere e lavorare. Tognino va in casa, e serra la porta. Crespino esce dall'osteria col boccale pieno di vino, e ridendo guarda il ventaglio che ha sotto la gabbana[2], per consolarsi da sé, ma per farlo vedere al popolo[3], e va al suo banchetto e mette il boccale in terra. Giannina esce di casa, siede e si mette a filare. Crespino si mette a sedere; fa vedere a tirar fuori il ventaglio, e lo nasconde ridendo sotto al curame, e si mette a mangiare. Coronato solo torna dalla stessa strada. Passa davanti a Crespino e ride. Crespino mangia e ride. Coronato inverso l'osteria si volta verso Crespino e ride. Crespino mangia e ride. Coronato alla porta dell'osteria mangia, ride ed entra. Crespino tira fuori il ventaglio, lo guarda e ride, e poi lo rimette, poi seguita a mangiare e bere. (Qui termina la scena muta).

Il Conte e il Barone escono dal palazzino.

CONTE No, amico, scusatemi, non vi potete doler di niente.
BARONE Vi assicuro che non ho nemmen ragione di lodarmi.
CONTE Se la signora Candida si è trovata male, è un accidente, vi vuol pazienza. Sapete che le donne sono soggette ai vapori[4], agli affetti[5] sterili.
BARONE Sterili? Isterici vorreste dire...
CONTE Sí, isterici, isterici, come volete. Insomma, se non vi ha fatto tutta l'accoglienza, non è colpa sua, è colpa della malattia.
BARONE Ma quando siamo entrati non era ammalata, e appena mi ha veduto, si è ritirata nella sua camera.
CONTE Perché si sentiva il cominciamento del male.
BARONE Avete osservato la signora Geltruda quando è sortita dalla camera della nipote, con che premura, con che ammirazione leggeva alcuni fogli che parevano de' viglietti?[6]
CONTE È una donna che ha degli affari assai. Saranno viglietti arrivati allora di fresco.
BARONE No, erano viglietti vecchi. Ci scommetto ch'è qualche cosa che ha trovato o sul tavolino, o indosso della signora Candida.
CONTE Siete curioso, collega mio, siete caro, siete particolare. Cosa vi andate voi immaginando?
BARONE M'immagino quel che potrebbe essere. Ho sospetto che vi sia dell'intelligenza[7] fra la signora Candida ed Evaristo.
CONTE Oh, non vi è dubbio. Se fosse cosí, lo saprei. Io so tutto. Non si fa niente nel villaggio che io non sappia. E poi, se fosse quello che dite voi, credete ch'ella avrebbe

acconsentito alla vostra proposizione[8]? Ch'ella avrebbe ardito di compromettere la mediazione di un cavaliere della mia sorte?

BARONE Questa è una buona ragione. Ella ha detto di sí senza farsi pregare. Ma la signora Geltruda, dopo la lettura di quei viglietti, non mi ha fatte piú le gentilezze di prima, anzi in certo modo ha mostrato piacere che ce ne andiamo.

CONTE Vi dirò. Tutto quello di cui ci possiamo dolere della signora Geltruda si è, ch'ella non ci abbia proposto di restar a pranzo da lei.

BARONE Per questo non mi fa spezie[9].

CONTE Le ho dato io qualche tocco[10], ma ha mostrato di non intendere.

BARONE Vi assicuro ch'ella aveva gran volontà che le si levasse l'incomodo.

CONTE Mi dispiace per voi... Dove pranzate oggi?

BARONE Ho ordinato all'oste il desinare per due.

CONTE Per due?

BARONE Aspetto Evaristo ch'è andato alla caccia.

CONTE Se volete venire a pranzo da me...

BARONE Da voi?

CONTE Ma il mio palazzo è mezzo miglio lontano.

BARONE Vi ringrazio, perché il pranzo è di già ordinato. Ehi dall'osteria. Coronato.

SCENA SECONDA

Coronato dall'osteria, e detti.

CORONATO Mi comandi.
BARONE È venuto il signor Evaristo?
CORONATO Non l'ho ancora veduto, signore. Mi dispiace che il pranzo è all'ordine, e che la roba patisce.
CONTE Evaristo è capace di divertirsi alla caccia fin sera e farvi star senza pranzo.

BARONE   Cosa volete che io faccia? Ho promesso aspettarlo.
CONTE   Aspettarlo, va bene fino ad un certo segno. Ma caro amico, non siete fatto per aspettare un uomo di una condizione inferiore alla vostra. Accordo la civiltà, l'umanità, ma, collega amatissimo, sosteniamo il decoro.
BARONE   Quasi quasi vi pregherei di venir a occupare il posto del signor Evaristo.
CONTE   Se non volete aspettare, e se vi rincresce di mangiar solo, venite da me, e mangeremo quello che ci sarà.
BARONE   No, caro Conte, fatemi il piacere di venir con me. Mettiamoci a tavola, e se Evaristo non ha discrezione, a suo danno.
CONTE   Che impari la civiltà (*contento*).
BARONE   Ordinate che diano[11] in tavola (*a Coronato*).
CORONATO   Subito, resti servita. (Avanzerà poco per la cucina) (*da sé*).
BARONE   Andrò a vedere che cosa ci hanno preparato da pranzo (*entra*).
CONTE   Avete portato l'altro barile di vino? (*a Coronato*).
CORONATO   Signor sí, l'ho mandato.
CONTE   L'avete mandato? Senz'accompagnarlo? Mi faranno qualche baronata.
CORONATO   Le dirò, ho accompagnato il garzone fino alla punta dello stradone, ho incontrato il suo uomo...
CONTE   Il mio fattore?
CORONATO   Signor no.
CONTE   Il mio cameriere?
CORONATO   Signor no.
CONTE   Il mio lacchè?
CORONATO   Signor no.
CONTE   E chi dunque?
CORONATO   Quell'uomo che sta con lei, che va a vendere i frutti, l'insalata, gli erbaggi...
CONTE   Come! quello...
CORONATO   Tutto quel che comanda. L'ho incontrato, gli ho fatto veder il barile, ed egli ha accompagnato il garzone.

SCENA SECONDA

CONTE (Diavolo! colui che non vede mai vino, è capace di bevere la metà del barile) (*da sé, vuol entrare*).
CORONATO Favorisca.
CONTE Cosa c'è? (*brusco*).
CORONATO Ha parlato per me a Giannina?
CONTE Sí, l'ho fatto.
CORONATO Cosa ha detto?
CONTE Va bene, va bene (*imbarazzato*).
CORONATO Va bene?
CONTE Parleremo, parleremo poi (*in atto di entrare*).
CORONATO Mi dica qualche cosa.
CONTE Andiamo, andiamo, che non voglio far aspettare il Barone (*entra*).
CORONATO (Ci ho buona speranza... È un uomo, che quando vi si mette... qualche volta ci riesce). Giannina (*amoroso e brusco. Giannina fila, e non risponde*). Almeno lasciatevi salutare.
GIANNINA Fareste meglio a rendermi il mio ventaglio (*senza guardare, e filando*).
CORONATO Sí... (Uh a proposito, mi ho scordato il ventaglio in cantina!) Sí sí, parleremo poi del ventaglio. (Non vorrei che qualcheduno lo portasse via) (*entra*).

Crespino ride forte.

SUSANNA Avete il cuor contento, signor Crespino; ridete molto di gusto.
CRESPINO Rido perché ho la mia ragione di ridere.
GIANNINA Voi ridete, ed io mi sento rodere dalla rabbia (*a Crespino*).
CRESPINO Rabbia? E di che avete rabbia?
GIANNINA Che quel ventaglio sia nelle mani di Coronato.
CRESPINO Sí, è nelle mani di Coronato (*ridendo*).
GIANNINA E per che cosa ridete?
CRESPINO Rido perché è nelle mani di Coronato (*si alza, prende gli avanzi del desinare, ed entra in bottega*).
GIANNINA È un ridere veramente da sciocco.
SUSANNA Non credeva che il mio ventaglio avesse da passare per tante mani (*lavorando*).

GIANNINA   Il vostro ventaglio? (*voltandosi con dispetto*).
SUSANNA   Sí, dico il mio ventaglio, perché è sortito dalla mia bottega.
GIANNINA   M'immagino che ve l'avranno pagato.
SUSANNA   Ci s'intende. Senza di questo non l'avrebbero avuto.
GIANNINA   E l'avranno anche pagato il doppio di quel che vale.
SUSANNA   Non è vero, e se fosse anche vero, cosa v'importa? Per quello che vi costa, lo potete prendere.
GIANNINA   Cosa sapete voi quello che mi costi?
SUSANNA   Oh, se vi costa poi qualche cosa... non so niente io... Se chi ve l'ha dato ha delle obbligazioni... (*con flemma caricata, satirica*).
GIANNINA   Che obbligazioni? Cosa parlate d'obbligazioni? Mi maraviglio de' fatti vostri [12] (*balza in piedi*).
SUSANNA   Ehi, ehi, non crediate di farmi paura.
CRESPINO (*dalla bottega*)   Cosa c'è? Sempre strepiti, sempre gridori [13].
GIANNINA   (Ho una volontà di rompere questa rocca) (*da sé, siede e fila*).
SUSANNA   Non fa che pungere, e non vuol che si parli.
CRESPINO   Siete in collera, Giannina? (*siede, e si mette a lavorare*).
GIANNINA   Io in collera? Non vado mai in collera io (*filando*).
SUSANNA   Oh ella è pacifica, non si altera mai (*ironica*).
GIANNINA   Mai, quando non mi tirano per li capelli, quando non mi dicono delle impertinenze, quando non pretendono di calpestarmi (*in modo che Susanna senta*).

Susanna mena la testa, e brontola da sé.

CRESPINO   Sono io che vi maltratta, che vi calpesta? (*lavorando*).
GIANNINA   Io non parlo per voi (*filando con dispetto*).
SUSANNA   No, non parla per voi, parla per me (*burlandosi*).

SCENA SECONDA

CRESPINO Gran cosa! In questo recinto di quattro case non si può stare un momento in pace.
GIANNINA Quando vi sono delle male lingue...
CRESPINO Tacete, ch'è vergogna.
SUSANNA Insulta, e poi non vuol che si parli.
GIANNINA Parlo con ragione e con fondamento.
SUSANNA Oh, è meglio ch'io taccia, ch'io non dica niente.
GIANNINA Certo ch'è meglio tacere, che dire delle sciocchierie.
CRESPINO E vuol essere l'ultima.
GIANNINA Oh sí, anche in fondo d'un pozzo. (*Timoteo dal palazzino, colla sottocoppa e caraffe*). Chi mi vuole mi prenda, e chi non mi vuole mi lasci.
CRESPINO Zitto, zitto, non vi fate sentire.
TIMOTEO (In questa casa non ci vado piú. Che colpa ci ho io se queste acque non vagliono [14] niente? Io non posso dare che di quello che ho. In una campagna pretenderebbero di ritrovare le delizie della città. E poi cosa sono i spiriti, gli elisiri, le quintessenze [15]? Ciarlatanate. Questi sono i cardini della medicina. Acqua, china [16] e mercurio) (*da sé, ed entra nella spezieria*).
CRESPINO Bisogna che ci sia qualcheduno d'ammalato in casa della signora Geltruda (*verso Giannina*).
GIANNINA Sí, quella cara gioia della signora Candida (*con disprezzo*).
SUSANNA Povera signora Candida! (*forte*).
CRESPINO Che male ha?
GIANNINA Che so io che male abbia? Pazzia.
SUSANNA Eh, so io che male ha la signora Candida.
CRESPINO Che male ha? (*a Susanna*).
SUSANNA Dovrebbe saperlo anche la signora Giannina (*caricata*) [17].
GIANNINA Io? Cosa c'entro io?
SUSANNA Sí, perché è ammalata per causa vostra.
GIANNINA Per causa mia? (*balza in piedi*).
SUSANNA Già con voi non si può parlare.
CRESPINO Vorrei ben sapere come va quest'imbroglio (*si alza*).

GIANNINA Non siete capace che di dire delle bestialità (*a Susanna*).
SUSANNA Via, via, la non si scaldi.
CRESPINO Lasciatela dire (*a Giannina*).
GIANNINA Con qual fondamento potete dirlo? (*a Susanna*).
SUSANNA Non parliamo altro [18].
GIANNINA No no, parlate.
SUSANNA No, Giannina, non mi obbligate a parlare.
GIANNINA Se siete una donna d'onore, parlate.
SUSANNA Oh, quando è cosí, parlerò.
CRESPINO Zitto, zitto, viene la signora Geltruda, non facciamo scene dinnanzi a lei (*si ritira al lavoro*).
GIANNINA Oh, voglio che mi renda ragione di quel che ha detto (*da sé, camminando verso la sua casa*).
SUSANNA (Vuol che si parli? Sí, parlerò) (*siede e lavora*).
CRESPINO (Se posso venire in chiaro di quest'affare...) (*siede e lavora*).

SCENA TERZA

Geltruda dal palazzino, e li suddetti.

GELTRUDA Dite voi. È ritornato vostro fratello? (*a Giannina, con gravità*).
GIANNINA Signora sí (*con malagrazia, e camminando verso casa sua*).
GELTRUDA Sarà tornato anche il signor Evaristo (*come sopra*).
GIANNINA Signora sí (*come sopra*).
GELTRUDA Sapete dove sia il signor Evaristo? (*a Giannina*).
GIANNINA Non so niente (*con dispetto*). Serva sua (*entra in casa*).
GELTRUDA (Che maniera gentile!) Crespino.
CRESPINO Signora (*si alza*).

SCENA TERZA

GELTRUDA Sapete voi dove si trovi il signor Evaristo?
CRESPINO No, signora, in verità non lo so.
GELTRUDA Fatemi il piacere di andare a vedere se fosse nell'osteria.
CRESPINO La servo subito (*va nell'osteria*).
SUSANNA Signora Geltruda (*sottovoce*).
GELTRUDA Che volete?
SUSANNA Una parola (*si alza*).
GELTRUDA Sapete niente voi del signor Evaristo?
SUSANNA Eh signora mia, so delle cose assai. Avrei delle cose grandi da dirle.
GELTRUDA Oh cieli! Ho delle cose anch'io che m'inquietano. Ho veduto delle lettere che mi hanno sorpreso. Ditemi, illuminatemi, ve ne prego.
SUSANNA Ma qui in pubblico?... Si ha da fare con delle teste senza ragione... Se vuole ch'io venga da lei...
GELTRUDA Vorrei prima vedere il signor Evaristo.
SUSANNA O se vuol venire da me...
GELTRUDA Piuttosto. Ma aspettiamo Crespino.
SUSANNA Eccolo.

Crespino dall'osteria.

GELTRUDA E cosí?
CRESPINO Non c'è, signora. L'aspettavano a pranzo, e non è venuto.
GELTRUDA Eppure dalla caccia dovrebbe essere ritornato.
CRESPINO Oh, è ritornato sicuramente. L'ho veduto io.
GELTRUDA Dove mai può essere?
SUSANNA Al caffè non c'è (*guarda in bottega*).
CRESPINO Dallo speziale nemmeno (*guarda dallo speziale*).
GELTRUDA Vedete un poco. Il villaggio non è assai grande, vedete se lo ritrovate.
CRESPINO Vado subito per servirla.
GELTRUDA Se lo trovate, ditegli che mi preme parlargli, e che l'aspetto qui in casa della merciaia (*a Crespino*).
CRESPINO Sarà servita (*s'incammina*).

GELTRUDA   Andiamo, ho ansiosità di sentire (*entra in bottega*).
SUSANNA   Vada, vada; sentirà delle belle cose (*entra*).
CRESPINO   Vi sono degl'imbrogli con questo signor Evaristo. E quel ventaglio... Ho piacere di averlo io nelle mani. Coronato si è accorto che gli è stato portato via... Manco male che non sospetta di me. Nessuno gli avrà detto che sono stato a comprar del vino. Sono andato a tempo. Chi mai mi avrebbe detto che io avrei trovato il ventaglio sopra una botte? Sono casi che si danno, accidenti che accadono. Sciocco! lasciar il ventaglio sopra una botte! Il garzone tirava[19] il vino, ed io prendilo e mettilo via. E Coronato ha la debolezza di domandar a me se l'ho veduto, se ne so niente! Sono pazzo io a dirgli che l'ho preso io? Acciò vada dicendo che sono andato a posta, che ho rubato... È capace di dirlo. Oh, è cosí briccone, ch'è capace di dirlo. Ma dove ho d'andar io per trovar il signor Evaristo? Dal Conte no, perché è all'osteria che lavora di gusto (*dà cenno*[20] *che mangia*). Basta, cercherò nelle case buone[21]. Sono sei o sette, lo troverò. Mi dispiace che sono ancora all'oscuro di quel che ha detto Susanna. Ma le parlerò. Oh, se trovo Giannina in difetto, se la trovo colpevole!... Cosa farò? L'abbandonerò? Eh, poco piú, poco meno. Le voglio bene. Cosa mai sarà? (*va per partire*).

SCENA QUARTA

Limoncino dal caffè, e detto; poi Coronato.

CRESPINO   Oh, mi sapreste dire dove sia il signor Evaristo?
LIMONCINO   Io? Cosa sono? Il suo servitore?
CRESPINO   Gran cosa veramente! non potrebbe essere nella vostra bottega?
LIMONCINO   Se ci fosse, lo vedreste (*si avanza*).

SCENA QUARTA

CRESPINO Limoncino del diavolo.
LIMONCINO Cos'è questo Limoncino?
CRESPINO Vieni, vieni a farti rappezzare le scarpe (*via*).
LIMONCINO Birbante! Subito anderò a dirgli che il signor Evaristo è nel nostro giardino. Ora ch'è in giubilo, in consolazione, non ha bisogno di essere disturbato. Ehi dall'osteria (*chiama*).
CORONATO (*alla porta*) Cosa c'è?
LIMONCINO Ha mandato a dire il signor Evaristo, che dite al signor Barone che desini, e non l'aspetti, perché è impegnato, e non può venire.
CORONATO Ditegli che l'ambasciata è arrivata tardi, e che il signor Barone ha quasi finito di pranzare.
LIMONCINO Bene, bene, glielo dirò quando lo vedrò (*va per partire*).
CORONATO Dite, quel giovane.
LIMONCINO Comandate.
CORONATO A caso, avreste sentito a dire che qualcheduno avesse ritrovato un ventaglio?
LIMONCINO Io no.
CORONATO Se mai sentiste a parlare, vi prego farmi avvisato.
LIMONCINO Signor sí, volentieri. L'avete perduto voi?
CORONATO L'aveva io. Non so come diavolo si sia perduto. Qualche briccone l'ha portato via, e quei stolidi [22] de' miei garzoni non sanno nemmeno chi sia stato a prender del vino. Ma se lo scopro! Se lo scopro! Mi raccomando a voi (*entra*).
LIMONCINO Dal canto mio farò il possibile (*s'incammina*).

SCENA QUINTA

Il Conte alla finestra dell'osteria, e Limoncino; poi Giannina.

CONTE Ho sentito la voce di Limoncino. Ehi quel giovane (*forte*).
LIMONCINO Signore (*si volta*).
CONTE Portateci due buoni caffè.
LIMONCINO Per chi, illustrissimo?
CONTE Per me.
LIMONCINO Tutti due per lei?
CONTE Uno per me, ed uno per il Barone del Cedro.
LIMONCINO Sarà servita.
CONTE Subito, e fatto a posta (*entra*).
LIMONCINO (Ora che so che vi è il Barone che paga, glieli porterò) (*s'incammina*).
GIANNINA (*di casa, senza la rocca*) Ehi Limoncino.
LIMONCINO Anche voi volete seccarmi con questo nome di Limoncino?
GIANNINA Via via, non andate in collera. Non vi ho detto né rava,[23] né zucca, né cocomero, né melanzana.
LIMONCINO Ne avete ancora?
GIANNINA Venite qui, ditemi: il signor Evaristo è ancor là? (*placidamente*).
LIMONCINO Dove là?
GIANNINA Da voi.
LIMONCINO Da noi?
GIANNINA Sí, da voi (*si scalda un poco*).
LIMONCINO La bottega è lí; se ci fosse, lo vedreste.
GIANNINA Puh! nel giardino.
LIMONCINO Puh! non so niente (*via, ed entra in bottega*).
GIANNINA Pezzo d'animalaccio! Se avessi la rocca, gliela scavezzerei sul collo. E poi dicono ch'io son cattiva. Tutti mi strapazzano; tutti mi maltrattano. Quelle signore

di là, questa sguaiata di qua, Moracchio, Coronato, Crespino... Uh maladetti quanti che siete.

SCENA SESTA

Evaristo dal caffè, correndo con allegria, e detta; poi Coronato.

EVARISTO   Oh eccola, eccola. Son fortunato (*a Giannina*).
GIANNINA   Ih! ih! Cosa vuol dir quest'allegria?
EVARISTO   Oh Giannina, sono l'uomo il piú felice, il piú contento del mondo.
GIANNINA   Bravo, me ne consolo. Spero che mi farete dare soddisfazione delle impertinenze che m'hanno detto.
EVARISTO   Sí, tutto quel che volete. Sappiate, Giannina mia, che voi eravate presa in sospetto. La signora Candida ha saputo ch'io vi aveva dato il ventaglio, credeva che lo avessi comprato per voi, era gelosa di me, era gelosa di voi.
GIANNINA   Era gelosa di me?
EVARISTO   Sí, certo.
GIANNINA   Ah che ti venga la rabbia! (*verso il palazzino*).
EVARISTO   Si voleva maritar con altri per sdegno, per vendetta, per disperazione. Mi ha veduto, è caduta, è svenuta. Sono stato un pezzo senza piú poterla vedere. Finalmente per sorte, per fortuna, sua zia è sortita di casa. Candida è discesa nel suo giardino; ho rotto la siepe, ho saltato il muro, mi son gettato a' suoi piedi; ho pianto, ho pregato, l'ho sincerata [24], l'ho vinta, è mia, è mia, non vi è piú da temere (*con giubilo, e affannoso*).
GIANNINA   Me ne rallegro, me ne congratulo, me ne consolo. Sarà sua, sua, sempre sua, ne ho piacer, ne ho contento, ne ho soddisfazione (*lo carica un poco*).
EVARISTO   Una sola condizione ella ha posto alla mia sicura, alla mia intera felicità.
GIANNINA   E qual è questa condizione?

EVARISTO Per giustificare me intieramente, per giustificar voi nel medesimo tempo, e per dar a lei una giusta soddisfazione, è necessario ch'io le presenti il ventaglio (*come sopra*).
GIANNINA Ora stiamo bene.
EVARISTO Ci va del mio e del vostro decoro. Parerebbe ch'io l'avessi comprato per voi, si darebbe credito a' suoi sospetti. So che siete una giovane saggia e prudente. Favoritemi quel ventaglio (*sempre con premura*).
GIANNINA Signore... Io non l'ho piú il ventaglio (*confusa*).
EVARISTO Oh via, avete ragione. Ve l'ho donato, e non lo domanderei, se non mi trovassi in questa estrema necessità. Ve ne comprerò un altro. Un altro molto meglio di quello; ma per amor del cielo, datemi subito quel che vi ho dato.
GIANNINA Ma vi dico, signore, ch'io non l'ho piú.
EVARISTO Giannina, si tratta della mia vita e della vostra riputazione (*con forza*).
GIANNINA Vi dico sull'onor mio, e con tutti i giuramenti del mondo, che io non ho quel ventaglio.
EVARISTO Oh cielo! cosa dunque ne avete fatto? (*con caldo*)[25].
GIANNINA Hanno saputo ch'io aveva quel ventaglio, mi sono saltati intorno come tre cani arrabbiati...
EVARISTO Chi? (*infuriato*).
GIANNINA Mio fratello...
EVARISTO Moracchio... (*corre a chiamarlo alla casa*).
GIANNINA No, fermate, non l'ha avuto Moracchio.
EVARISTO Ma chi dunque? (*battendo i piedi*).
GIANNINA Io l'ho dato a Crespino...
EVARISTO Ehi? Dove siete? Crespino! (*corre alla bottega*).
GIANNINA Ma venite qui, sentite...
EVARISTO Son fuor di me.
GIANNINA Non l'ha piú Crespino.
EVARISTO Ma chi lo ha? Chi lo ha? Presto.
GIANNINA Lo ha quel birbante di Coronato.
EVARISTO Coronato? Subito. Coronato (*all'osteria*).
CORONATO Signore.

EVARISTO Datemi quel ventaglio.
CORONATO Qual ventaglio?
GIANNINA Quello che avevo io e ch'è roba sua.
EVARISTO Animo, subito, senza perder tempo.
CORONATO Signore, me ne dispiace infinitamente...
EVARISTO Che?
CORONATO Ma il ventaglio non si trova piú.
EVARISTO Non si trova piú?
CORONATO Per distrazione l'ho messo sopra una botte. L'ho lasciato lí, son andato, son ritornato, non l'ho trovato piú, qualcheduno l'ha portato via.
EVARISTO Che si trovi.
CORONATO Dove? Ho fatto di tutto.
EVARISTO Dieci, venti, trenta zecchini lo potrebbero far ritrovare?
CORONATO Quando non c'è, non c'è.
EVARISTO Son disperato.
CORONATO Mi dispiace, ma non so cosa farle (*entra*).
EVARISTO Voi siete la mia rovina, il mio precipizio (*contro Giannina*).
GIANNINA Che ci ho colpa io?

SCENA SETTIMA

Candida sulla terrazza, e detti.

CANDIDA Signor Evaristo (*lo chiama*).
EVARISTO (Eccola, eccola: son disperato).
GIANNINA Che diavolo! È finito il mondo per questo?
CANDIDA Signor Evaristo! (*torna a chiamarlo*).
EVARISTO Ah Candida mia dilettissima, sono l'uomo piú afflitto, piú mortificato del mondo.
CANDIDA Eh che sí, che il ventaglio non si può piú avere?
GIANNINA (L'ha indovinata alla prima).
EVARISTO Quante combinazioni in mio danno! Sí, pur

troppo è la verità. Il ventaglio è smarrito, e non è possibile di ritrovarlo per ora (*a Candida*).

CANDIDA Oh, so dove sarà.

EVARISTO Dove? dove? Se aveste qualche indizio per ritrovarlo...

GIANNINA Chi sa? Può essere che qualcheduno l'abbia trovato (*ad Evaristo*).

EVARISTO Sentiamo (*a Giannina*).

CANDIDA Il ventaglio sarà nelle mani di quella a cui lo avete donato, e non vuol renderlo, ed ha ragione.

GIANNINA Non è vero niente (*a Candida*).

CANDIDA Tacete.

EVARISTO Vi giuro sull'onor mio...

CANDIDA Basta cosí. Il mio partito è preso. Mi meraviglio di voi, che mi mettete a fronte di una villana (*via*).

GIANNINA Cos'è questa villana? (*alla terrazza*).

EVARISTO Giuro al cielo, voi siete cagione della mia disperazione, della mia morte (*contro Giannina*).

GIANNINA Ehi, ehi, non fate la bestia.

EVARISTO Ella ha preso il suo partito. Io deggio prendere il mio. Aspetterò il mio rivale, l'attaccherò colla spada, o morirà l'indegno, o sagrificherò la mia vita... Per voi, per voi a questo duro cimento.

GIANNINA Oh, è meglio che vada via. Ho paura che diventi matto (*va pian pian verso la casa*).

EVARISTO Ma come! la passione mi opprime il core; mi manca il respiro. Non mi regge il piede; mi si abbagliano gli occhi. Misero me! chi m'aiuta? (*si lascia cadere su una sedia del caffè, e si abbandona affatto*).

GIANNINA (*voltandosi lo vede cadere*) Cos'è? cos'è? More, povero diavolo! More, aiuto, gente, ehi Moracchio! Ehi dal caffè!

SCENA OTTAVA

Limoncino dal caffè, con le due tazze di caffè per andare all'osteria; Moracchio dalla casa accorre in aiuto di Evaristo; Crespino, Timoteo e detti, poi il Conte.

CRESPINO (*di strada*)   Oh, eccolo qui il signor Evaristo. Cos'è stato?
GIANNINA   Dell'acqua, dell'acqua (*a Limoncino*).
CRESPINO   Del vino, del vino (*corre in bottega*).
LIMONCINO   Dategli del vino. Io porterò il caffè all'osteria (*parte*).
MORACCHIO   Animo, animo, signor Evaristo. Alla caccia, alla caccia.
GIANNINA   Sí, altro che caccia! È innamorato. Ecco tutto il suo male.
TIMOTEO (*dalla speziaria*)   Cosa c'è?
MORACCHIO   Venga qui, venga qui, signor Timoteo.
GIANNINA   Venga a soccorrere questo povero galantuomo.
TIMOTEO   Che male ha?
GIANNINA   È in accidente [26].
TIMOTEO   Bisogna cavargli sangue.
MORACCHIO   È capace vossignoria?
TIMOTEO   In caso di bisogno, si fa di tutto (*va alla speziaria*).
GIANNINA   (Oh povero signor Evaristo, lo stroppia [27] assolutamente).
CRESPINO (*dalla bottega, con un fiasco di vino*)   Ecco, ecco, questo lo farà rinvenire, è vino vecchio di cinque anni.
GIANNINA   Pare che rinvenga un poco.
CRESPINO   Oh, questo fa risuscitare i morti.
MORACCHIO   Animo, animo, si dia coraggio.
TIMOTEO (*dalla speziaria, con bicchiere, pezze e rasoio*) [28]   Eccomi qui, presto, spogliatelo.
MORACCHIO   E cosa volete far del rasoio?

TIMOTEO   In caso di bisogno, serve meglio di una lancetta[29].
CRESPINO   Un rasoio?
GIANNINA   Un rasoio?
EVARISTO   Chi è che vuole assassinarmi con un rasoio? (*pateticamente, alzandosi*).
GIANNINA   Il signor Timoteo.
TIMOTEO   Son un galantuomo, non assassino alcuno, e quando si fa quello che si può e quello che si sa, nessuno ha occasione di rimproverare. (Che mi chiamino un'altra volta, che or verrò!) (*entra in bottega*).
MORACCHIO   Vuol venire da me, signor Evaristo? Riposerà sul mio letto.
EVARISTO   Andiamo dove volete.
MORACCHIO   Mi dia il braccio, s'appoggi.
EVARISTO   Quanto meglio saria per me che terminassi questa misera vita! (*s'incammina sostenuto da Moracchio*).
GIANNINA   (Se ha volontà di morire, basta che si raccomandi allo speziale).
MORACCHIO   Eccoci alla porta. Andiamo.
EVARISTO   Pietà inutile a chi non desidera che di morire.

Entrano.

MORACCHIO   Giannina, vieni ad accomodar il letto per il signor Evaristo (*sulla porta, ed entra*).

Giannina vorrebbe andare anch'ella.

CRESPINO   Giannina? (*la chiama*).
GIANNINA   Cos'è?
CRESPINO   Siete molto compassionevole per quel signore!
GIANNINA   Faccio il mio debito[30], perché io e voi siamo la causa del suo male.
CRESPINO   Per voi non so che dire. Ma io? Come c'entro io?
GIANNINA   Per causa di quel maladetto ventaglio (*entra*).

SCENA OTTAVA

CRESPINO Maladetto ventaglio! L'avrò sentito nominare un milione di volte. Ma ci ho gusto per quell'ardito di Coronato. È mio nemico, e lo sarà sempre, fino che non arrivo a sposar Giannina. Potrei metterlo quel ventaglio in terra, in qualche loco, ma se gli camminano sopra, se lo fracassano? Qualche cosa farò, io non voglio che mi mettano in qualche imbarazzo. Ho sentito a dire che in certe occasioni i stracci vanno all'aria[31]. Ed io i pochi che ho, me li vo' conservare (*va al banco suo, e prende il ventaglio*).

LIMONCINO Ed il...

CONTE (*dall'osteria*) Vien qui, aspetta (*prende un pezzetto di zucchero e se lo mette in bocca*). Per il raffreddore.

LIMONCINO Per la gola.

CONTE Che?

LIMONCINO Dico che fa bene alla gola (*parte e va in bottega*).

Conte passeggia contento, mostrando aver ben mangiato.

CRESPINO (Quasi, quasi... Sí, questo è il meglio di tutto) (*s'avanza col ventaglio*).

CONTE Oh buon giorno, Crespino.

CRESPINO Servitor di Vostra Signoria illustrissima.

CONTE Sono accomodate le scarpe? (*piano*).

CRESPINO Domani sarà servita (*fa vedere il ventaglio*).

CONTE Che cosa avete di bello in quella carta?

CRESPINO È una cosa che ho trovato per terra, vicino all'osteria della Posta.

CONTE Lasciate vedere.

CRESPINO Si servi (*glielo dà*).

CONTE Oh un ventaglio! Qualcheduno passando l'averà perduto. Cosa volete fare di questo ventaglio?

CRESPINO Io veramente non saprei cosa farne.

CONTE Lo volete vendere?

CRESPINO Oh venderlo! Io non saprei cosa domandarne. Lo crede di prezzo questo ventaglio?

CONTE Non so, non me n'intendo. Vi sono delle figure...

ma un ventaglio trovato in campagna non può valere gran cosa.

CRESPINO Io avrei piacere che valesse assai.

CONTE Per venderlo bene.

CRESPINO No in verità, illustrissimo. Per avere il piacere di farne un presente a Vostra Signoria illustrissima.

CONTE A me? Me lo volete donare a me? (*contento*).

CRESPINO Ma come non sarà cosa da par suo...

CONTE No no, ha il suo merito, mi par buonino. Vi ringrazio, caro. Dove posso, vi esibisco la mia protezione. (Ne farò un regalo, e mi farò onore).

CRESPINO Ma la supplico d'una grazia.

CONTE (Oh, già lo sapevo. Costoro non danno niente senza interesse). Cosa volete? Parlate.

CRESPINO La prego non dire di averlo avuto da me.

CONTE Non volete altro?

CRESPINO Niente altro.

CONTE (Via via, è discreto). Quando non volete altro... ma ditemi in grazia, non volete che si sappia che l'ho avuto da voi? Per avventura l'avreste rubato?

CRESPINO Perdoni, illustrissimo, non son capace...

CONTE Ma perché non volete che si sappia che l'ho avuto da voi? Se l'avete trovato, e se il padrone non lo domanda, io non ci so vedere la ragione.

CRESPINO Eh, c'è la sua ragione (*ridendo*).

CONTE E qual è?

CRESPINO Le dirò. Io ho un'amorosa.

CONTE Lo so benissimo. È Giannina.

CRESPINO E se Giannina sapesse che io aveva questo ventaglio, e che non l'ho donato a lei, se ne avrebbe a male.

CONTE Avete fatto bene a non darglielo. Non è ventaglio per una contadina (*lo mette via*). Non dubitate, non dirò niente d'averlo avuto da voi. Ma a proposito: come vanno gli affari vostri con Giannina? Avete veramente volontà di sposarla?

CRESPINO Per dirle la verità... Le confesso il mio debole. La sposerei volentieri.

CONTE Quand'è cosí, non dubitate. Ve la faccio sposar questa sera, se voi volete.

SCENA OTTAVA

CRESPINO Davvero!
CONTE Che sono io? Cosa val la mia protezione!
CRESPINO Ma Coronato che la pretende?
CONTE Coronato?... Coronato è uno sciocco. Vi vuol bene Giannina?
CRESPINO Assai.
CONTE Bene dunque. Voi siete amato, Coronato non lo può soffrire: fidatevi della mia protezione.
CRESPINO Fin qui l'intendo ancor io. Ma il fratello?
CONTE Che fratello? che fratello? Quando la sorella è contenta, cosa c'entra il fratello? Fidatevi della mia protezione.
CRESPINO Mi raccomando dunque alla sua bontà.
CONTE Sí, alla mia protezione.
CRESPINO Vado a terminare d'accomodar le sue scarpe.
CONTE Dite piano. Ne avrei bisogno d'un paio di nuove.
CRESPINO La servirò.
CONTE Eh! le voglio pagare, sapete? Non credeste mai... Io non vendo la mia protezione.
CRESPINO Oh, per un paio di scarpe!
CONTE Andate, andate a fare le vostre faccende.
CRESPINO Vado subito (*va per andare al banco*).

Conte tira fuori il ventaglio, e a poco a poco lo esamina.

CRESPINO (Oh cospetto di bacco! Mi era andato di mente. Mi ha mandato la signora Geltruda a cercar il signor Evaristo, l'ho trovato qui e non gli ho detto niente. Ma la sua malattia... Il ventaglio... Me ne sono scordato. Andrei ad avvertirlo, ma in quella casa non ci vado per cagion di Moracchio. Farò cosí, anderò a ritrovare la signora Geltruda. Le dirò che il signor Evaristo è in casa di Giannina, e lo manderà a chiamare da chi vorrà) (*entra nella bottega della merciaia*).
CONTE Eh! (*con sprezzo*). Guarda e riguarda: è un ventaglio. Che può costar?... che so io? Sette o otto paoli[32]. Se fosse qualche cosa di meglio, lo donerei alla signora Candida, che questa mattina ha rotto il suo. Ma perché no? Non è poi tanto cattivo.

GIANNINA (*alla finestra*) (Non vedo Crespino. Dove sarà andato a quest'ora?)
CONTE Queste figure non sono ben dipinte, ma mi pare che non siano mal disegnate.
GIANNINA (Oh cosa vedo! Il ventaglio in mano del signor Conte! Presto presto, andiamo a risvegliare il signor Evaristo) (*via*).
CONTE Basta, non si ricusa mai niente. Qualche cosa farò.

SCENA NONA

Barone dall'osteria, e detto; poi Tognino.

BARONE Amico, mi avete piantato lí.
CONTE Ho veduto che non avevate volontà di parlare.
BARONE Sí, è vero: non posso ancor darmi pace... Ditemi, vi pare che possiamo ora tentar di riveder queste signore?
CONTE Perché no? Mi viene ora in mente una cosa buona. Volete ch'io vi faccia un regalo? Un regalo con cui vi potete far onore colla signora Candida.
BARONE Cos'è questo regalo?
CONTE Sapete che questa mattina ella ha rotto il suo ventaglio?
BARONE È vero; m'è stato detto.
CONTE Ecco un ventaglio. Andiamola a ritrovare, e presentateglielo voi colle vostre mani (*lo dà al Barone*). Guardate, guardate, non è cattivo.
BARONE E volete dunque...
CONTE Sí, presentatelo come voi[33]. Io non voglio farmi alcun merito. Lascio tutto l'onore a voi.
BARONE Accetterò volentieri quest'occasione, ma mi permetterete che dimandi cosa vi costa?
CONTE Cosa v'importa a sapere quel che mi costa?
BARONE Per soddisfarne il prezzo.

CONTE Oh cosa serve! Mi meraviglio. Anche voi mi avete donato quelle pistole...
BARONE Non so che dire. Accetterò le vostre finezze. (Dove diavolo ha trovato questo ventaglio? Mi pare impossibile ch'egli l'abbia comprato) (*guardandolo*).
CONTE Ah, cosa dite? Non è una galanteria? Non è venuto a tempo? Oh, io in queste occasioni so quel che ci vuole. So prevedere. Ho una camera piena di queste galanterie per le donne. Orsú andiamo, non perdiamo tempo (*corre, e batte al palazzino*).
TOGNINO (*sulla terrazza*) Cosa comanda?
CONTE Si può riverire queste signore?
TOGNINO La signora Geltruda è fuori di casa, e la signora Candida è nella sua camera che riposa.
CONTE Subito che [34] si sveglia, avvisateci.
TOGNINO Sarà servita (*via*).
CONTE Avete sentito?
BARONE Bene, bisogna aspettare. Ho da scrivere una lettera a Milano, andrò a scriverla dallo speziale. Se volete venire anche voi?
CONTE No no, da colui vi vado mal volentieri. Andate a scrivere la vostra lettera, io resterò qui ad aspettare l'avviso del servitore.
BARONE Benissimo. Ad ogni cenno sarò con voi.
CONTE Fidatevi di me, e non dubitate.
BARONE (Ah, mi fido poco di lui, meno della zia, e meno ancora della nipote) (*da sé; va dallo speziale*).
CONTE Mi divertirò col mio libro; colla mia preziosa raccolta di favole meravigliose (*tira fuori il libro, e siede*).

SCENA DECIMA

Evaristo dalla casa di Giannina, e detto.

EVARISTO (Oh, eccolo ancora qui; dubitava ch'ei fosse partito. Non so come il sonno abbia potuto prendermi fra tante afflizioni. La stanchezza... la lassitudine[35]. Ora mi par di rinascere. La speranza di ricuperar il ventaglio...) (*da sé*). Signor Conte, la riverisco divotamente.

CONTE Servitor suo (*leggendo e ridendo*).

EVARISTO Permette ch'io possa dirle una parola?

CONTE Or ora son da voi (*come sopra*).

EVARISTO (Se non ha il ventaglio in mano, io non so come introdurmi a parlare) (*da sé*).

CONTE (*si alza ridendo, mette via il libro e s'avanza*) Eccomi qui. Cosa posso fare per servirvi?

EVARISTO Perdonate se vi ho disturbato (*osservando se vede il ventaglio*).

CONTE Niente, niente, finirò la mia favola un'altra volta.

EVARISTO Non vorrei che mi accusaste di troppo ardito[36].

CONTE Cosa guardate? Ho qualche macchia d'intorno[37]? (*si guarda*).

EVARISTO Scusatemi. Mi è stato detto che voi avevate un ventaglio.

CONTE Un ventaglio? (*confondendosi*). È vero, l'avete forse perduto voi?

EVARISTO Sí signor, l'ho perduto io.

CONTE Ma vi sono bene dei ventagli al mondo. Cosa sapete che sia quello che avete perduto?

EVARISTO Se volete aver la bontà di lasciarmelo vedere...

CONTE Caro amico, mi dispiace che siete venuto un po' tardi.

EVARISTO Come tardi?

CONTE Il ventaglio non è piú in mano mia.

EVARISTO Non è piú in mano vostra? (*agitato*).

CONTE No, l'ho dato ad una persona.

EVARISTO E a qual persona l'avete dato? (*riscaldandosi*).

CONTE Questo è quello ch'io non voglio dirvi.

EVARISTO Signor Conte, mi preme saperlo; mi preme aver quel ventaglio, e mi avete a dire chi l'ha.

CONTE Non vi dirò niente.

EVARISTO Giuro al cielo, voi lo direte (*trasportato*).

CONTE Come! mi perdereste il rispetto?

EVARISTO Lo dico, e lo sosterrò; non è azione da galantuomo (*con caldo*).

SCENA DECIMA

CONTE Sapete voi che ho un paio di pistole cariche? (*caldo*).

EVARISTO Che importa a me delle vostre pistole? Il mio ventaglio, signore.

CONTE Che diavolo di vergogna! Tanto strepito per uno straccio di ventaglio che valerà cinque paoli.

EVARISTO Vaglia quel che sa valere, voi non sapete quello che costa ed io darei per riaverlo... Sí, darei cinquanta zecchini.

CONTE Dareste cinquanta zecchini!

EVARISTO Sí, ve lo dico e ve lo prometto. Se si potesse ricuperare, darei cinquanta zecchini.

CONTE (Diavolo, bisogna che sia dipinto da Tiziano o da Raffaello d'Urbino).

EVARISTO Deh signor Conte, fatemi questa grazia, questo piacere.

CONTE Vedrò se si potesse ricuperare, ma sarà difficile.

EVARISTO Se la persona che l'ha, volesse cambiarlo in cinquanta zecchini, disponetene liberamente.

CONTE Se l'avessi io, mi offenderei d'una simile proposizione.

EVARISTO Lo credo benissimo. Ma può essere che la persona che l'ha, non si offenda.

CONTE Oh in quanto a questo, la persona si offenderebbe quanto me, e forse forse... Amico, vi assicuro che sono estremamente imbrogliato[38].

EVARISTO Facciamo cosí, signor Conte. Questa è una scattola d'oro, il di cui solo peso val cinquantaquattro zecchini. Sapete che la fattura raddoppia il prezzo; non importa, per ricevere quel ventaglio, ne offerisco il cambio assai volentieri. Tenete (*gliela dà*).

CONTE Ci sono de' diamanti in quel ventaglio? Io non ci ho badato.

EVARISTO Non ci sono diamanti, non val niente, ma per me è prezioso.

CONTE Bisognerà vedere di contentarvi.

EVARISTO Vi prego, vi supplico, vi sarò obbligato.

CONTE Aspettate qui. (Sono un poco imbrogliato?) Farò

di tutto per soddisfarvi... e volete che io dia in cambio la tabacchiera?
EVARISTO Sí, datela liberamente.
CONTE Aspettate qui (*s'incammina*). E se la persona mi rendesse il ventaglio, e non volesse la tabacchiera?
EVARISTO Signore, la tabacchiera l'ho data a voi, è cosa vostra, fatene quell'uso che vi piace.
CONTE Assolutamente?
EVARISTO Assolutamente.
CONTE (Il Barone finalmente è galantuomo, è mio amico). Aspettate qui. (Se fossero i cinquanta zecchini non li accetterei, ma una tabacchiera d'oro? Sí signore, è un presente da titolato) (*va alla spezieria*).
EVARISTO Sí, per giustificarmi presso dell'idol mio, farei sagrifizio del mio sangue medesimo, se abbisognasse.

SCENA UNDICESIMA

Crespino dalla bottega della merciaia, e detti.

CRESPINO (Oh eccolo qui). Signore, la riverisco. La signora Geltruda vorrebbe parlar con vossignoria. È qui in casa dalla merciaia, e la prega di darsi l'incomodo di andar colà che l'aspetta.
EVARISTO Dite alla signora Geltruda che sarò a ricevere i suoi comandi, che la supplico d'aspettar un momento, tanto ch'io vedo se viene una persona che mi preme vedere, e verrò subito ad obbedirla.
CRESPINO Sarà servito. Come sta? Sta meglio?
EVARISTO Grazie al cielo, sto meglio assai.
CRESPINO Me ne consolo infinitamente. E Giannina sta bene?
EVARISTO Io credo di sí.
CRESPINO È una buona ragazza Giannina.
EVARISTO Sí, è vero; e so che vi ama teneramente.
CRESPINO L'amo anch'io, ma...

SCENA UNDICESIMA

EVARISTO Ma che?
CRESPINO Mi hanno detto certe cose...
EVARISTO Vi hanno detto qualche cosa di me?
CRESPINO Per dir la verità, signor sí.
EVARISTO Amico, io sono un galantuomo, e la vostra Giannina è onesta.
CRESPINO (Oh sí, lo credo anch'io. Non mancano mai delle male lingue).

Conte sulla porta della spezieria, che torna.

EVARISTO Oh, andate dalla signora Geltruda, e ditele che vengo subito (*a Crespino*).
CRESPINO Signor sí (*s'incammina*). Son sicuro, non vi è pericolo, son sicuro (*passa vicino al Conte*). Mi raccomando a lei per Giannina.
CONTE Fidatevi della mia protezione.
CRESPINO Non vedo l'ora (*entra da Susanna*).
EVARISTO Ebbene, signor Conte?
CONTE Ecco il ventaglio (*lo fa vedere*).
EVARISTO Oh che piacere! Oh quanto vi sono obbligato! (*lo prende con avidità*).
CONTE Guardate se è il vostro?
EVARISTO Sí, è il mio senza altro (*vuol partire*).
CONTE E la tabacchiera?
EVARISTO Non ne parliamo piú. Vi son schiavo (*corre ed entra dalla merciaia*).
CONTE Cosa vuol dire non conoscere le cose perfettamente! Io lo credevo un ventaglio ordinario, e costa tanto! Costa tanto, che merita il cambio d'una tabacchiera d'oro di questo prezzo! (*piglia la tabacchiera*). Evaristo non l'ha voluta indietro. Il Barone forse forse... non l'avrebbe voluta ricevere... Sí, è un poco disgustato, veramente, ch'io gli abbia ridomandato il ventaglio, ma avendogli detto ch'io lo presenterò in nome suo, si è un poco acquietato. Ne comprerò uno di tre o quattro paoli, che farà la stessa figura.
CRESPINO (*che torna dalla merciaia*) Manco male che la mia commissione è poi andata assai bene. La signora

Geltruda merita d'esser servita. Oh! Signor Conte, adunque ella mi dà buone speranze?

CONTE Buonissime. Oggi è una giornata per me fortunata, e tutte le cose mi vanno bene.

CRESPINO Se gli andasse bene anche questa!

CONTE Sí, subito, aspettate. Ehi Giannina.

GIANNINA (*di casa*) Signore, cosa vuole? Cosa pretende? (*in collera*).

CONTE Non tanta furia, non tanto caldo. Voglio farvi del bene, e maritarvi.

GIANNINA Io non ho bisogno di lei.

CRESPINO Sente? (*al Conte*).

CONTE Aspettate (*a Crespino*). Voglio maritarvi a modo mio (*a Giannina*).

GIANNINA Ed io gli dico di no.

CONTE E voglio darvi per marito Crespino.

GIANNINA Crespino? (*contenta*).

CONTE Ah! cosa dite? (*a Giannina*).

GIANNINA Signor sí, con tutta l'anima, con tutto il core.

CONTE Vedete l'effetto della mia protezione? (*a Crespino*).

CRESPINO Sí signore, lo vedo.

SCENA DODICESIMA

Moracchio di casa, e detti.

MORACCHIO Cosa fate qui?

GIANNINA Cosa c'entrate voi?

CONTE Giannina si ha da maritare sotto gli auspici della mia protezione.

MORACCHIO Signor sí, son contento, e tu vi acconsentirai o per amore o per forza.

GIANNINA Oh, vi acconsentirò volentieri (*con serietà*).

MORACCHIO Sarà meglio per te.

GIANNINA E per farti vedere che vi acconsento, do la mano a Crespino.
MORACCHIO Signor Conte (*con affanno*).
CONTE Lasciate fare (*placidamente*).
MORACCHIO Non era ella, signor Conte, impegnata per Coronato?

SCENA TREDICESIMA

Coronato dall'osteria, e detti.

CORONATO Chi mi chiama?
MORACCHIO Venite qui, vedete. Il signor Conte vuol che mia sorella si mariti.
CORONATO Signor Conte... (*con smania*).
CONTE Io sono un cavalier giusto, un protettor ragionevole, umano. Giannina non vi vuole, ed io non posso, non deggio e non voglio usarle violenza.
GIANNINA Signor sí, voglio Crespino a dispetto di tutto il mondo.
CORONATO Cosa dite voi? (*a Moracchio*).
MORACCHIO Cosa dite voi? (*a Coronato*).
CORONATO Non me n'importa un fico. Chi non mi vuol, non mi merita.
GIANNINA Cosí va detto.
CONTE Ecco l'effetto della mia protezione (*a Crespino*).
CORONATO Signor Conte, ho mandato l'altro barile di vino.
CONTE Portatemi il conto, e vi pagherò (*dicendo cosí, tira fuori la scatola d'oro e prende tabacco*).
CORONATO (Ha la scatola d'oro, mi pagherà) (*via*).
MORACCHIO Hai poi voluto fare a modo tuo (*a Giannina*).
GIANNINA Mi par di sí.
MORACCHIO Se te ne pentirai, sarà tuo danno.
CONTE Non se ne pentirà mai; avrà la mia protezione.

MORACCHIO   Pane, pane, e non protezione (*entra in casa*).
CONTE   E cosí, quando si faranno le vostre nozze?
CRESPINO   Presto.
GIANNINA   Anche subito.

SCENA QUATTORDICESIMA

Barone dalla spezieria, e detti.

BARONE   Ebbene, signor Conte, avete veduta la signora Candida? Le avete dato il ventaglio? Perché non avete voluto che avessi io il contento[39] di presentarglielo?
GIANNINA   Come! non l'ha avuto il signor Evaristo?
CONTE   Io non ho ancora veduto la signora Candida, circa il ventaglio ne ho degli altri, e ve ne ho destinato uno migliore. Oh, ecco qui la signora Geltruda.

SCENA QUINDICESIMA

Geltruda, Evaristo, Susanna, tutti dalla bottega di Susanna.

GELTRUDA   Favoritemi di far discendere mia nipote, ditele che le ho da parlare, che venga qui (*a Susanna*).
SUSANNA   Sarà servita (*va al palazzino, batte, aprono ed entra*).
GELTRUDA   Non ho piacere che il signor Conte ed il signor Barone entrino in casa. A quest'ora possiamo discorrere qui (*piano ad Evaristo*).
CONTE   Signora Geltruda, appunto il signor Barone ed io volevamo farvi una visita.
GELTRUDA   Obbligatissima. Adesso è l'ora del passeggio, prenderemo un poco di fresco.

BARONE Ben tornato, signor Evaristo (*serio*).
EVARISTO Vi son servitore (*brusco*).

SCENA ULTIMA

Candida e Susanna dal palazzino, e detti.

CANDIDA Che mi comanda la signora zia?
GELTRUDA Andiamo a far quattro passi.
CANDIDA (Oh, è qui quel perfido d'Evaristo!)
GELTRUDA Ma che vuol dire che non avete il ventaglio? (*a Candida*).
CANDIDA Non sapete che questa mattina si è rotto?
GELTRUDA Ah sí, è vero; se si potesse trovarne uno!
BARONE (Ora è il tempo di darglielo) (*piano al Conte, urtandolo con premura*).
CONTE (No in pubblico, no) (*piano al Barone*).
GELTRUDA Signor Evaristo, ne avrebbe uno a sorte [40]?
EVARISTO Eccolo a' vostri comandi (*a Geltruda lo fa vedere, ma non lo dà*).

Candida si volta dall'altra parte con dispetto.

BARONE (Il vostro ventaglio) (*piano al Conte*).
CONTE (Diavolo! oibò) (*al Barone*).
BARONE (Fuori il vostro) (*al Conte*).
CONTE (No, ora no) (*al Barone*).
GELTRUDA Nipote, non volete ricevere le grazie del signor Evaristo?
CANDIDA No, signora, scusatemi; non ne ho di bisogno.
CONTE (Vedete, non l'accetta) (*al Barone*).
BARONE (Date a me, date a me il vostro) (*al Conte*).
CONTE (Volete far nascere una disfida?) (*al Barone*).
GELTRUDA Si potrebbe sapere, perché non volete ricevere quel ventaglio?

CANDIDA Perché non è mio, perché non era destinato per me (*a Geltruda con caricatura*). E perché non è mio, né vostro decoro, ch'io lo riceva.
GELTRUDA Signor Evaristo, a voi tocca a giustificarvi.
EVARISTO Lo farò, se mi vien permesso.
CANDIDA Con licenza (*vuol andar via*).
GELTRUDA Restate qui, che ve lo comando.

Candida resta.

BARONE (Che imbroglio è questo?) (*al Conte*).
CONTE (Io non so niente) (*al Barone*).
EVARISTO Signora Susanna, conoscete voi questo ventaglio?
SUSANNA Sí signore, è quello che avete comprato da me questa mattina, e ch'io imprudentemente ho creduto che l'aveste comprato per Giannina.
GIANNINA Oh, cosí mi piace: imprudentemente! (*a Susanna*).
SUSANNA Sí, confesso il mio torto, e voi imparate da me a render giustizia alla verità. Per altro io aveva qualche ragione, perché il signor Evaristo ve l'aveva dato.
EVARISTO Perché vi aveva io dato questo ventaglio? (*a Giannina*).
GIANNINA Per darlo alla signora Candida: ma quando voleva darglielo, mi ha strapazzato e non mi ha lasciato parlare. Io poi voleva rendervelo, voi non l'avete voluto, ed io lo ho dato a Crespino.
CRESPINO Ed io son caduto, e Coronato l'ha preso.
EVARISTO Ma dov'è Coronato? Come poi è sortito dalle mani di Coronato?
CRESPINO Zitto, non lo stiamo a chiamare, che giacché non c'è, dirò io la verità. Piccato[41], sono entrato nell'osteria per trovar del vino, l'ho trovato a caso e l'ho portato via.
EVARISTO E che cosa ne avete fatto?
CRESPINO Un presente al signor Conte.
CONTE Ed io un presente al signor Barone.
BARONE Voi l'avete riavuto! (*al Conte, con sdegno*).

CONTE Sí, e l'ho rimesso nelle mani del signor Evaristo.
EVARISTO Ed io lo presento alle mani della signora Candida.

Candida fa una riverenza, prende il ventaglio, e ridendo si consola.

BARONE Che scena è questa? Che impiccio è questo? Sono io messo in ridicolo per cagione vostra? (*al Conte*).
CONTE Giuro al cielo, giuro al cielo, signor Evaristo!
EVARISTO Via, via, signor Conte, si quieti. Siamo amici, mi dia una presa di tabacco.
CONTE Io son cosí, quando mi prendono colle buone, non posso scaldarmi il sangue.
BARONE Se non ve lo scaldate voi, me lo scalderò io.
GELTRUDA Signor Barone...
BARONE E voi, signora, vi prendete spasso di me? (*a Geltruda*).
GELTRUDA Scusatemi, voi mi conoscete poco, signore. Non ho mancato a tutti i numeri del mio dovere. Ho ascoltate le vostre proposizioni, mia nipote le aveva ascoltate ed accettate, ed io con piacere vi acconsentiva.
CONTE Sentite? Perché le avevo parlato io (*al Barone*).
BARONE E voi, signora, perché lusingarmi? Perché ingannarmi?
CANDIDA Vi domando scusa, signore. Ero agitata da due passioni contrarie. La vendetta mi voleva far vostra, e l'amore mi ridona ad Evaristo.
CONTE Oh, qui non c'entro.
EVARISTO E se foste stato amante meno sollecito, ed amico mio piú sincero, non vi sareste trovato in caso tale.
BARONE Sí, è vero, confesso la mia passione, condanno la mia debolezza. Ma detesto l'amicizia e la condotta del signor Conte (*saluta e via*).
CONTE Eh niente, siamo amici. Si scherza. Fra noi altri colleghi ci conosciamo. Animo, facciamo queste nozze, questo matrimonio.

GELTRUDA Entriamo in casa, e spero che tutto si adempirà con soddisfazione comune. (*Candida si fa fresco col ventaglio*). Siete contenta d'aver nelle mani quel sospirato ventaglio? (*a Candida*).
CANDIDA Non posso spiegare l'eccesso della mia contentezza.
GIANNINA Gran ventaglio! ci ha fatto girar la testa dal primo all'ultimo.
CANDIDA È di Parigi questo Ventaglio?
SUSANNA Vien di Parigi, ve l'assicuro [42].
GELTRUDA Andiamo; v'invito tutti a cena da noi. Beveremo alla salute di chi l'ha fatto (*ai comici*). E ringrazieremo umilmente chi ci ha fatto l'onore di compatirlo [43].

Fine della Commedia.

Note

ATTO PRIMO

1. *gruppetti*: un ricamo all'uncinetto (dal veneziano «gropetti», diminutivo di «gropo», nodo). 2. *entoilage*: una trina molto leggera appuntata per sostegno, mentre si lavora, ad una tela. È questo il primo di una serie di termini francesi e francesismi. 3. *propriamente*: elegantemente, accuratamente (francesismo, da «propre»). 4. *rodengotto*: dal francese «redingote», giacca da cavallerizzo. 5. *con un libro ... da lapis*: con il registro dei conti e una matita. 6. *i lumi*: le luci della ribalta. 7. *sottocoppa*: piattino. 8. *portato*: comportato. 9. *poggio*: poggiolo, terrazzino. 10. *giurisdicente*: uomo di legge, giudice. 11. *previene*: è piú veloce, lo precede. 12. *finalmente*: in fin dei conti, in definitiva («finalmente» in questo contesto è dell'uso francese). 13. *non si prende guardia*: non si bada, non si fa attenzione (dal francese «prendre garde»). 14. *galeotto*: pezzo da galera, furfante. 15. *avrò comodo*: avrò modo. 16. *auspizi*: auguri. 17. *all'ordine*: pronto. 18. *vonno*: vogliono. 19. *pulito*: cortese, educato (francesismo, da «poli»). 20. *selvatico*: selvaggina. 21. *capo d'opera*: capolavoro (francesismo, da «chef-d'œuvre»). 22. *carta*: pagina. 23. *canchero*: persona molesta, importuna. 24. *presente*: dono, regalo (francesismo). 25. *disposto*: destinato. 26. *baronata*: bricconata. 27. *prevenirla*: preavvertirla. 28. *ci toccheremo la mano*: ci metteremo d'accordo, staremo a vedere, con significato di minaccia e di sfida. 29. *sortire*: francesismo, da *sortir*, uscire. 30. *seguitarla*: seguirla. 31. *dare*: picchiare. 32. *pistetto*: pestello. 33. *hai ragione*: ti va bene. 34. *scavezzate*: rotte, spezzate. 35. *seriosa*: seria (francesismo). 36. *proprio*: per bene (ancora un francesismo, da «propre»). 37. *rispetto alle donne*: sta probabilmente per «rispetto le donne». 38. *disperare*: togliere ogni speranza. 39. *con proprietà*: con decoro.

ATTO SECONDO

1. *mostra*: vetrina. 2. *ponno*: possono. 3. *gioja*: gioiello. 4. *attacco*: tresca. 5. *con premura*: con sollecitudine. 6. *Non ... una frasca*: non sono una donna leggera, poco seria. 7. *sturbarvi*: disturbarvi. 8. *me lo goderei*: mi prenderei gioco di lui. 9. *si servi*

qui: si accomodi qui.   10. *la buona mano*: venezianismo, da «bonaman», mancia.   11. *caricata*: incaricata (francesismo, da «se charger», incaricarsi).   12. *franco di lingua*: linguacciuto.   13. *prevenuta*: già innamorata di qualcuno.   14. *alla mano*: in mano (dal francese «à la main»).   15. *rusticamente*: duramente, bruscamente.   16. *innamorata in*: innamorata di (forma antiquata, scomparsa dall'uso).   17. *si spiega per lui*: fa intendere che preferirebbe Crespino al Conte.   18. *Rustica ... modum*: «La stirpe agreste non conosce le buone maniere».   19. *non ha mancato da me*: non è dovuto ad una mia mancanza.   20. *alle corte*: veniamo al dunque.   21. *mi meschio*: mi mescolo.   22. *accesa*: innamorata.   23. *deggio*: devo.   24. *saccoccia*: tasca, forma dialettale.   25. *Vi protesto*: vi assicuro.   26. *caricando con disprezzo*: accentuando il tono della voce, per sottolineare il proprio disprezzo.   27. *a dirittura*: direttamente, senza deviare.   28. *curame*: cuoio (da «corame», venezianismo).   29. *la prende per mano*: le stringe la mano.   30. *coccolo*: cocco (venezianismo).   31. *dei spiriti*: delle essenze aromatiche.   32. *speziaria*: farmacia (venezianismo per «spezieria»).   33. *Mi hanno stroppiato*: mi hanno fatto cadere («stroppiato» è forma popolare di «storpiato»).   34. *delicati*: suscettibili, permalosi.

ATTO TERZO

1. *barila*: barile (venezianismo).   2. *gabbana*: mantello contadinesco con maniche.   3. *al popolo*: al pubblico.   4. *vapori*: malesseri di origine nervosa, che si manifestano con vampe di calore al capo.   5. *affetti*: disturbi.   6. *viglietti*: biglietti.   7. *dell'intelligenza*: intesa.   8. *proposizione*: proposta.   9. *mi fa spezie*: mi fa specie, mi stupisce.   10. *tocco*: cenno allusivo.   11. *diano*: servano.   12. *de' fatti vostri*: del vostro comportamento.   13. *gridori*: litigi (venezianismo).   14. *vagliono*: valgono.   15. *quintessenze*: liquori estratti da sostanze aromatiche medicinali.   16. *china*: corteccia dell'omonima pianta tropicale, usata in medicina come febbrifugo.   17. *caricata*: con affettazione.   18. *Non parliamo altro*: non parliamone piú (forma dialettale).   19. *tirava*: spillava.   20. *dà cenno*: indica a gesti.   21. *buone*: cioè «civili», ben frequentate.   22. *stolidi*: stolti.   23. *rava*: rapa (venezianismo).   24. *sincerata*: persuasa della verità.   25. *con caldo*: concitato, agitato.   26. *È in accidente*: è stato colto da improvviso malore.   27. *lo stroppia*: in questo caso, lo rovina.   28. *con bicchiere ... rasoio*: l'occorrente per fare un salasso.   29. *lancetta*: strumento con cui gli antichi chirurghi praticavano il salasso.   30. *debito*: dovere.   31. *in certe occasioni ... all'aria*: allude al detto: «sono sempre i piú deboli che le buscano, quando piovono le busse».   32. *paoli*: monete d'argento.   33. *come voi*: da parte vostra.   34. *Subito che*: non appena.   35. *lassitudine*: fiacchezza, debolezza, ma forse, in questo caso, «sconforto».   36. *di troppo ardito*: di essere troppo ardito.   37. *d'intorno*: addosso (ve-

nezianismo). 38. *imbrogliato*: imbarazzato. 39. *contento*: soddisfazione. 40. *a sorte*: per caso. 41. *Piccato*: risentito, punto sul vivo. 42. *È di Parigi ... ve l'assicuro*: si allude qui alla commedia, che Goldoni inviò da Parigi. 43. *compatirlo*: assistervi... e applaudirlo.

Indice

p. v *La commedia dell'inazione* di Guido Davico Bonino

Il ventaglio

3   *Personaggi*

Atto primo

- 5   Scena prima
- 10 Scena seconda
- 11 Scena terza
- 14 Scena quarta
- 21 Scena quinta

Atto secondo

- 25 Scena prima
- 26 Scena seconda
- 28 Scena terza
- 30 Scena quarta
- 31 Scena quinta
- 35 Scena sesta
- 38 Scena settima
- 39 Scena ottava
- 40 Scena nona
- 41 Scena decima
- 42 Scena undicesima
- 44 Scena dodicesima
- 47 Scena tredicesima
- 51 Scena quattordicesima
- 52 Scena quindicesima
- 53 Scena sedicesima

Atto terzo

p. 55	Scena prima
57	Scena seconda
62	Scena terza
64	Scena quarta
66	Scena quinta
67	Scena sesta
69	Scena settima
71	Scena ottava
76	Scena nona
77	Scena decima
80	Scena undicesima
82	Scena dodicesima
83	Scena tredicesima
84	Scena quattordicesima
84	Scena quindicesima
85	Scena ultima
89	*Note*

*Stampato per conto della Casa editrice Einaudi
presso le O.G.E. Zeppegno s.r.l., Torino*

C.L. 52704

Ristampa		Anno
6 7 8 9 10 11 12 13		1998 1999 2000 2001